# 진보와 대화하기

따뜻한 진보, 김석준을 만나다

# 진보와
# 대화하기

따뜻한 진보 **김석준**을 만나다

●김외숙·송성준이 인터뷰하고 이광수가 엮음

**산지니**

# 진보가 어떤 것인지 일단
# 들어 보기는 해야 할 것 아닌가

부산외국어대학교 교수. 아시아평화인권연대 공동대표_이광수

  한국 국민의 정치 혐오는 도가 지나치다. 모든 국민이 정치에 대해서만큼은 잔인할 정도로 비판적이다. 어쩔 때 보면 정치를 혐오할수록 자신은 고고해지는 것으로 착각하고 있나 싶을 정도다. 그런데 그들은 자신들이 그렇게 비판하고 있는 정치 문화로부터 멀리 떨어져 있는 것 같지도 않다. 게다가, 기회만 주어지면 그들이 그렇게 혐오하는 그 정치인들에게 항상 줄을 대거나 그들과 알고 지내는 것을 적어도 은연중에 자랑스럽게 생각하고 있기까지 하다.

  정치가 무엇인가? 정치라는 것은 서로 다른 의견과 갈등을 조정하는 것이다. 하나의 국가 안에 여러 서로 다른 집단이 공존하기 위해서는 무엇보다도 정치가 필요하다. 그 정치를 하다 보면 멱살을 잡을 수도 있고, 농성을 할 수도 있고, 장외 투쟁을 할 수도 있으며 나름대로의 전략과 책략을 할 수도 있다. 또 반드시 가야 할 길이 있다면 자기 집단의 욕심을 낼 수도 있고 계산도

할 수 있다. 그런데 한국의 국민들은 소위 정치적이라 하는 일련의 정치 행위마저도 아주 혐오한다. 그러다 보니 정치인이 정치 행위를 비판하면서 그 판을 떠나 버린 사람이 세간에서는 매우 높이 평가되는 경우마저 있다.

정말이지 극심한 정치 혐오증이다. 그렇다면, 한국의 정치가 가장 욕을 많이 얻어먹는 것은 무엇 때문일까? 뭐니뭐니해도 정치인의 부패가 첫 순위에 들어갈 것이다. 정치인의 부패는 주로 큰 선거와 관련되어 있다. 선거철이 되면 정치인들은 기업에 돈을 요구하고 기업인들은 그 돈을 마련하기 위하여 분식 회계를 통해 비자금을 마련하여 상납한다. 그 돈으로 정치인들은 돈 봉투를 돌리고, 주민들은 돈 봉투나 접대를 받는다.

정치는 정당을 조직으로 하여 이루어지는 것이다. 따라서 정치인들은 정당 조직을 유지해야 하고, 이를 위해서는 일정한 경비가 필요하다. 그런데 시민들은 그 경비를 대주지 않는다. 그러니 어쩔 수 없이 정치인들은 그 경비를 기업인들에게 요구할 수밖에 없다. 그러면 무슨 일이 벌어지겠는가? 그 기업인에 대해 정치인들이 특혜를 줄 수밖에 없는 것은 불을 보듯 빤한 사실 아닌가?

부패와 정치 혐오의 악순환이다. 그러면 이러한 부패의 악순환을 끊으려면 무엇을 해야 하는가? 시민들이 정치 자금을 특정

정당에 납부해야 하는 것 아니겠는가? 그리고 그 정치 자금은 될 수 있으면 소액으로 많은 사람이 납부하면 더욱더 좋을 터이다. 그런데 정치를 욕하는 보통의 사람들은 정당에 후원금을 내거나 정당원으로 활동하는 것을 그 부패하고 더러운 정치판에 연루되어 있는 것으로 간주하곤 한다. 정치를 욕하는 소시민들은 또 그렇다 치자. 심지어는 정치를 합리적이고 건전하게 비판하고 키우는 것을 업으로 삼는, 그 많고 많은 정치 평론가들조차도 특정 정당에 정치 후원금을 내지 않는 경우가 허다하다. 이러한 상황에서 한국의 정치가 부패와 혐오의 악순환에서 자유롭기를 기대하는 것은 당분간은 어려울 것 같다.

부패와 혐오의 악순환을 키우는 또 다른 측면이 있다. 시민들의 정치 행위에 대한 의사 결정의 비합리성이다. 아무리 정치 자금의 구조가 건전하게 만들어져 있지 않다 하더라도, 정치인들이 백주 대낮에 대놓고 그렇게 뻔뻔스럽게 해댈 때는 뭔가 믿는 구석이 있어서다. 사과박스도 아니고 골프백도 아니고 트럭에 돈을 가득 실어 바치고, 받고, 그리고 그 사실이 언론에 대서특필로 터져 나와도 그 지지자들은 꿈쩍하지 않는다. 아니 그 지지가 더욱 탄탄해지는 경우까지 있다.

국민들은 가장 싫어하는 정치인을 꼽는 데는 주저함이 없이 부패한 정치인을 꼽는다. 그리고 가장 원하는 정치인을 꼽으라

면 경제를 살릴 수 있는 사람을 꼽는다. 그런데 그 경제 전문가
라는 사람이 부패한 사람인지 여부는 개의치 않는다. 상당수의
한국인들은 부패한 정치인 즉, 기업과 결탁한 정치인이 경제를
살릴 수 있다고 생각하고 있다는 이야기다. 경제 성장을 이루기
위해서는 일정 부분 부패할 수도 있고, 심지어는 너무 청렴하면
경제 성장이 이루어질 수 없다고까지 생각하는 것 같다. 그런데
더 흥미로운 사실은, 부패 속에 이룬 경제 성장으로 인해 내 삶
이 더 피폐해졌다 하더라도, 그 부패 속의 성장에 대해서 저항을
하고자 하는 의도는 거의 없다. 중산층이 몰락하여 홈리스가 되
고, 빚더미에 깔려 수도 없이 많은 사람이 죽어 나가고, 가난하
고 굶주린 아이들이 개에 물려 죽거나 배가 고파 잠을 청할 수밖
에 없는 비참한 사회 양극화 현상을 두 눈으로 지켜보면서도 여
전히 부패와 연결된 경제 성장의 신화에서 벗어날 생각은 없다.

　이러한 현상은 한국 국민들이 정치와 관련되어 왜곡된 신화에
싸여 있기 때문이다. 그 신화 안에서 그들은 자신의 목소리를 낼
수가 없다. 다만 신화를 만드는 거대한 권력이 생산해 내는 목소
리만 읊을 뿐이다. 그래서 정부가 기업에 대해 세무조사를 하여
세금 포탈 등 부패 행위를 척결할라치면 가난한 인민들이 기를
쓰고 반대한다. 그들은 '부유세'를 제정하자는 주장에 대해서도
반대하거나 비아냥거리며, 금융 산업 구조를 개선하기 위해 만

　　　　　　　　　　　　　　　　　　　진보와 대화하기

들고자 하는 법률안도 무턱대고 반대한다. 모두 그들이 자기 목소리를 내지 못하는 구조 속에 함몰되어 있기 때문이다.

그 신화는 궁극적으로 집단주의의 산물이다. 한국 정치에서의 집단주의는 '우리'를 만들고 그 위에서 배제의 대상으로 '우리'가 아닌 '남'을 만들고, 그 만들어진 '남'을 증오하는 것이다. 그것은 실제로는 존재하지 않는 공통분모를 조작하는 것이다. 한국 사회에서 가장 큰 공통분모는 국가다. 국가를 기반으로 하는 국가주의는 때로는 반일과 협력하기도 하고, 때로는 반공과 협력하기도 하면서, 철저하게 이성적이고 합리적인 정치 행위를 방해하여 왔다. 서울 강남의 압구정동에 사는 사람들과 경북 경주의 농촌에 사는 사람들이 정치·경제·사회적으로 결코 하나가 될 수 없는 사람들인데도, 그들은 반일이나 반공의 틀 안에서 하나로 똘똘 뭉쳐 있다.

그런데 반일이나 반공의 국가주의보다 더 나쁜 것이 있다. 선거의 승리만을 위한 더러운 게임의 법칙인 '전라도 혐오'를 바탕으로 하는 지역주의이다. 비록 나중에는 전라도나 충청도 역시 그 지역주의 안에서 안주하고 있지만, 그 지역주의의 출발은 '전라도 혐오'였고, 그것은 한국의 정치판에서 가장 크게 만들 수 있는 공통분모였다. 박정희 정권 내내 만들어진 '전라도' 이미지 위에 전라도 혐오증을 키우는 것은 그리 큰 어려움은 아니었다.

이 가운데 특히 전라도 사람들에 대한 경상도 사람들의 증오는 수구 정당의 대중적 기반을 유지하는데 결정적 역할을 했다. 수십 년 동안 역사와 사회의 진보를 부르짖어 온 부산의 한 대학 교수가 그동안 쌓아 온 목숨 같은 학문을 버리고, 짓밟고, 그 수구 정당으로 간 이유는 단연코 그 전라도 혐오에 바탕을 둔 지역주의 때문이다. 한때 진보 정당을 건설한다고 애쓰던 몇몇 운동권 명망가들이 진보 정당을 포기한 것을 넘어, 그 수구 정당에 자리 잡고, 이제는 그것도 모자라 가장 치졸한 수구적 정치 행각을 서슴지 않은 것 또한 이 전라도 혐오증에 기반을 둔 지역주의와 무관하지는 않다. 한국 사회에서 '전라도'를 넘어서지 않는 진보란 존재할 수 없다는 강준만의 말에 전적으로 동의하는 차원에서이다.

그런데 그 '전라도 혐오증'을 바탕으로 한 지역주의보다 더 무서운 것이 있다. '진보 공포증'이다. 50년이 넘는 분단 상황에서 이 땅의 진보는 북한 공산주의 집단과 항상 결부될 수밖에 없었고, 그 안에서 진보는 정당한 이해의 대상으로 자리 잡을 수 없었다. 그 왜곡된 신화 안에서 진보는 항상 반국가적이고, 반자본주의적으로 강요되어 왔다. 그들은 자유와 헌정 질서를 파괴하고, 사회를 급진적으로 전복시키려는 빨갱이들일 뿐이다. 그래도 조금은 합리적인 평가가 진보주의자들을 위험한 이

진보와 대화하기

상주의자로 치부하는 것이다. 그들은 진보주의자들이 주장하는 무상 의료나 무상 교육이라는 건 애초 말이 되지 않는 것으로 생각한다.

'환경'이라는 글자만 나오면 개발을 반대하는 것으로 생각하고, '복지'라는 글자만 나오면 경제 발전이 침해당하는 것으로만 생각할 뿐이다. '여성'이라는 말만 나오면 사회 질서와 전통 가치를 파괴하는 것으로 생각하기도 한다. 많은 사람들은 진보주의자들이 할 줄 아는 것이라고는 운동하고 데모하고 집회하는 것 말고는 없다고 생각한다. 아는 것이라고는 아무 것도 없고, 안다 해봤자 탁상공론에다 반대를 위한 반대밖에 할 줄 모르는 그들에게 국정이나 시정을 맡기면 국가나 시가 도대체 며칠이나 갈 수 있겠는가라고 걱정하는 게 다반사다. 진보주의자들이 집권을 한다는 것은 노동자나 농민이 정권을 장악하는 것으로 생각하고, 그들이 과연 이 나라를 이끌어 간다는 것이 도대체 말이나 되는지 심하게 걱정하고 있다. 그들은 한국의 민주노동당이 상당히 많은 부분에서 유럽에서의 사회민주당보다도 진보적이지 못하고, 심한 경우에는 유럽의 보수 정당들보다도 진보적이지 못하다는 평가에 대해서는 전혀 귀를 기울이고 싶은 생각이 없다. 오로지 진보주의자들에게 나라를 맡기면 북한 꼴 난다는 것 그것 하나밖에 없다.

주로 이런 생각들로 싸여 있는 것이 진보 공포증이다. 한국의 정치 지형이 분단으로 인해 공산주의와 대치되어 있는 상태에서 수십 년 간의 군부 독재가 진행되어 오고, 그런 가운데서 우리는 경제 개발을 이루었고, 공산주의 북한은 세계에서 가장 가난한 나라가 되었으니, 그런 신화가 이렇게 두텁게 쌓이게 되는 것을 전혀 이해 못하는 바도 아니다. 그래서 공산주의자들과 대치되어 있는 분단의 현실 속에서는 진보 정당이 정권을 잡을 수 없다고 하는 주장까지도 이해해 줄 수 있다. 그렇지만, 단 한 가지, 정말 백 번, 천 번 다 양보하더라도 단 한 가지. 이 땅의 진보주의자들이 주장하는 바가 무엇이고, 그들이 생각하는 것은 무엇이고, 그들이 무엇을 실천하려고 하고, 그들이 가지고 있는 국가와 지자체를 경영하고자 하는 뜻과 계획은 어떠한지에 대해 한 번 만이라도 들어 봐야 하는 것 아닌가? 단순히 그것뿐이다. 그것이 이 책을 기획하고 만든 단 하나의 의도인 것이다.

이 단순하고 단순한 소망, 별 것도 아닌 그 단순한, 그러나 눈물나도록 처절한 그 바람을 실현할 길이 없다, 현재로서는. 그것은 개혁이든 수구든 너나 할 것 없이, 보수주의에 몸담고 있는 사람들은 너나 할 것 없이 진보 죽이기에 대해서는 공동 전선을 펴고 있기 때문이다. 물론 그렇다고 진보 정당을 하는 사람들에게 책임이 전혀 없다는 의미는 아니다. 지금 내가 말하고자 하는

진보와 대화하기

바는 그 사람들이 어떤 잘못을 했는지, 무엇을 착각하고 있는지, 무엇이 못마땅한지에 대해서도 들어 보고, 합리적이고 이성적으로 판단을 해 달라는 이야기다. 그 사람들이 꿈꾸는 세계는 어떤 것인지, 그 사람들이 자신 있게 하고자 하는 것들은 어떤 것들인지, 그 사람들이 지금까지 한국사회 발전에 기여를 했던 바는 무엇이고, 앞으로는 어떻게 풀어 나갈 것인지에 대해서 들어 보고, 평가를 해 주었으면 하는 것이다. 그 사람들 이야기를 듣고 나니 역시 꿈만 야무지지 아무런 현실성이 없구나 하여 표를 주지 않아도 좋다. 허무맹랑하다고 욕하고, 아직은 때가 아니라고 내팽개쳐도 좋다. 다만 진실로, 진실로 바라건대, 마음의 문을 열고, 그동안 가졌던 편견과 왜곡을 벗어 던지고, 그 사람들의 이야기를 들어 보고, 평가를 해달라는 것, 단지 그것 하나뿐이다. 그래서 그 사람들 하고자 하는 것이 마음에 들거나 그 속에서 희망을 볼 수 있으면 한번 잘할 수 있도록 밀어달라는 그 이야기다.

사실 이런 이야기들을 나누려면 신문이나 방송과 같은 공영 언론 매체에서 하는 것이 가장 바람직하다. 그런데 두루 아시다시피, 한국 사회에서 주류 언론이라는 것이 그야말로 편파적인데다, 왜곡을 일삼는 것이 '언론'이라는 말을 쓰기가 부끄러울 정도다. 사주라고 하는 자들이 부동산 투기를 통해 부를 축적하는 것도 모자라, 기자라고 하는 자들이 부동산 투기를 막으려는 정부 정책에 대해 위헌이니, 선의의 피해자니, 세금 폭탄이니, 하는 등의 온갖 왜곡된 논리를 펴면서 조세 저항을 부추기고 있다. 더욱 가관인 것은 그러한 언론을 자신의 출세를 위한 발판으로 삼으며 진보를 희생양으로 삼고 있는 일부 타락한 지식인의 모습이다. 그러한 모습은 최근 발표된 한국의 복지 재정이 OECD 30개국 가운데 최하위이며, 이들 국가 평균의 1/3에도 못 미친다는 사실을 발표한 것과 관련하여 잘 드러난다. 이에 관해 갖은 종류의 경제 전문가라고 하는 자들이 신문, 방송, 잡지 할 것 없이 모든 자리를 통해 정부가 양극화 해소를 위해 고소득층에 세금을 더 무겁게 물리고자 하는 뜻을 죽기 살기로 반대하고 있다. 이는 많은 국민들이 지역주의와 색깔론에 싸여 진보 공포증에 함몰되어 있는 한국의 정치 수준을 꿰뚫어 보면서 하는 비열한 짓이다. 여기에 가난하고, 빼앗기고, 소외당하고 있는 우리의 노동자, 농민들이 대거 가세해 그러한 비난에 합세하고 있으니 억장이 무너지고 말문이 막힌다. 언제까지 가난하고 소외당하고 있는 노동자, 농민, 도시 빈민들이 그들의 곳간을 지켜주는 꼴을 보고 있어야 한다는 말인가?

이제 과거 권위주의 시대에서나 있었던 물리적 폭력은 사라졌다. 그리고 그 자리에 지식과 정보의 폭력이 들어서고, 그것을

진보와 대화하기

통제하는 거대 자본의 영향력이 갈수록 심화되고 있다. 여기에 신자유주의는 지식과 정보, 혹은 그것을 바탕으로 하는 문화의 상품화를 재촉하고 있다. 자본은 언론 매체를 지배하고, 지식인은 자신의 출세나 권력 강화, 그리고 자신들만의 이익을 위해 그 언론 매체에 기생하고 있다. 언론 자본이 인간보다는 이윤을 추구하는 구조 속에서 진보적 지식인과 정치인들이 설 자리란 존재할 수가 없다. 그러한 구조 속에서 진보 정당을 세우고자 하는 정치인은 광야에서 홀로 소리 지르며 몸부림치는 존재와 전혀 다를 바 없다. 그래서 그나마 독립적인 책을 통해서 알리고자 하는 것이다.

이 책을 기획하면서 토대로 삼았던 것이 하나 있다. 다른 사람의 생각이나 행동을 존중하는 똘레랑스, 그리고 그 똘레랑스를 떠받들고 있는 토론. 원래 하고 싶었던 것은 바로 이것을 실천하고자 하는 것이었다. 그래서 처음에는 건전한 보수와 진보를 대변할 수 있는 두 분을 모시고 지상 토론을 하고 싶었다. 그 안에는 보수와 진보가 지향하는 세계와 인간에 대한 담론도 담고 싶었고, 우리가 살고 있는 부산이라는 한 '지방'의 구체적 삶의 터에 관한 이야기도 나누고 싶었다. 그래서 보수 정치인도 이 지역 부산에서 모시고 싶었고, 진보 정치인도 이 지역 부산에서 모시고 싶었다. 그 모임을 이끌어 나갈 대담자도 이 지역에서 모시고 싶었고, 이야기를 한데 엮어 낼 출판사도 이 지역에서 모시고 싶었다. 그런데 여러 가지 이유로 애초의 뜻대로 되지 않았다. 그래서 어쩔 수 없이 일단 '진보'에 초점을 맞추었고, 결국 진보주의 정치인 김석준과의 대담으로 방향을 설정한 것이다. 그리고 많은 사람 중에 김석준을 꼽은 것은 그가 학자와 정치인으로서 담론과 구체적 삶을 모두 잘 그려 낼 수 있을 것이라는 기대와, 따뜻하고 인간적인 그의 모습이 내가 그린 '진보'의 모습과 가장 닮아 있어서였다.

이 책이 나오기까지에는 여러 사람들의 수고가 있었다. 누구보다도 대담을 해 준 김외숙 변호사와 송성준 기자께 감사드린다. 대담은 철저하게 두 분이 원하는 방향대로 진행되었다. 사전에 짜인 각본도 없고, 인위적인 설정도 없었다. 일부러 보여 주고자 하는 부분도 없고, 가식적으로 연출한 것도 없다. 그러다 보니 어딘지 모르게 깔끔하지 못한 부분이 있을 줄로 안다. 하지만 그것이 진보주의자들이 살아가는 삶의 모습이자 진보주의자 김석준의 모습임을 믿기 때문에 아무런 미련도 없다. 원고 정리를 깔끔하게 해 준 강진석님께 감사드리고, 이 책의 출판을 맡아 준 산지니의 강수걸님과 산지니 가족 모든 분께 감사드린다.

이 책을 통해 우리가 바라는 바는 오로지 하나다. 김석준이라는 한 지식인이자 정치인을 신화화하여 우리 밖에서 우러러 볼 재목으로 키우고자 하는 것이 아니라, 그 사람을 우리 안으로 끌어들여 우리와 함께 호흡하고 같이 동행할 수 있는 재목인지를 느끼고 파악할 수 있도록 하고자 한 것이다.

진보가 따뜻하고 인간적이라는 사실을 믿는 날이 곧 오기를 바라며.

2006년 1월 26일

# 2부 부산박사 김석준

인터뷰 **김외숙** (변호사. 법무법인 부산)
2005년 12월 29일 김석준 교수 연구실에서 인터뷰하다.

Interviewee

1부

# 생활 속 진보주의자

페미니스트 반열에 감히 낄 수 있을 정도는 못 됩니다. 하지만 적어도 남성과 여성은 집안일이고 집밖의 일이고 간에 동등한 권리를 가지고 있다고 생각하고 실천하면서 살아오고 있습니다.

# 부채의식 때문에 출마하다

### 교수로서 진보적인 사회 참여를...

**김외숙**  일반적으로 말하기를 교수는 보수적입니다. 어떤 연유로 교수가 진보적이 되셨습니까?

**김석준**  만 스물여섯에 국립 대학교 교수가 되었는데, 제가 실력이 뛰어나거나 특별한 능력이 있어서 교수가 된 것이 아닙니다. 순전히 운이 좋았습니다. 아시다시피 대학 다닐 때 나름대로 학생운동을 열심히 했는데, 같이 활동하던 친구들 중에서 유일하게 제적당하지 않고 대학원을 진학하게 되었습니다. 석사과정을 마치고 박사과정에 진학했는데, 마침 대학입시제도가 바뀌어 졸업 정원제가 도입되면서 지방대학에 교수 인원을 많이 충원해야 했습니다. 저는 박사 과정 1년만 마친 상태에서 고향인 부산으로 임용이 되어 올 수 있게 되어서 정말 행운아였던 셈입니다.

대학교수가 되고 나서도 대학시절 함께 고생하고 더 치열하게 살았던 친구나 선배, 후배들에 대한 미안함과 죄의식을 떨쳐버릴 수가 없었습니다. 제가 대학원을 간 것은 개인적으로 풍요로운 삶을 살겠다기보다 학생운동 과정에서 갖게 된 신념과 가치를 사회운동차원으로 확산시키거나 연장하는 방안으로 학문연구를 통한 실천이 필요하다고 생각했기 때문입니다. 사실 그때만 해도 교수가 된다는 것은 꿈에도 생각을 못했습니다. 그러다

가 운 좋게 1983년에 교수가 되었지만, 엄혹한 시절이었던 그때는 재임용제도가 있었습니다. 그 당시에는 박사과정을 마치기위해 서울로 왔다 갔다 하다 보니 다른 일을 할 엄두를 못 냈지만, 학생들한테 관심이 많다 보니 자연스럽게 '요주의 교수'가되어서 재임용과정에서도 굉장히 어려움을 겪었습니다. 우여곡절 끝에 겨우 재임용에 통과되었고, 재임용 받자마자 86년에 교수 서명운동이 시작되었습니다. 그로부터 교수로서 본격적인 사회 참여가 시작된 겁니다.

**김외숙** 제가 김석준 교수님을 처음 뵐 때가 1992년 부산에 와서 변호사를 시작할 무렵이었는데, 그때 교수님께서는 '영남노동운동연구소' 개소를 준비하고 있었던 것으로 기억합니다. '교수 신분으로 부산에서 이런 활동을 하시는 분도 있구나' 하는 생각에 무척 반가웠습니다. 국립대학에 계시는 교수님께서 노동자와 함께하는 활동을 적극적으로 하신다는 점이 참 쉽지 않은 일인 것 같다는 생각을 했습니다. 어떻게 그런 활동을 하게 되었는지요?

**김석준** 교수가 된 지 몇 년이 지난 후 1986년 대학교수 서명운동과 1987년 4·13 호헌철폐 서명운동을 주도하였고 그 연장

 교수서명운동을 주도할 때, 사실 겁도 많이 났습니다.
최악의 경우 해직당할 각오하고 행동을 해야 했는데 그때 사회
적 분위기가 학교 측에서 학생들을 자극할 수 없는 상황이어서
그 덕분에 해직은 면했습니다.

선에서 1988년 '민주화를 위한 전국교수협의회'를 만들 때나 부
산지역의 젊은 교수들의 모임인 '지역사회연구회'를 만드는 데
앞장섰습니다. 그 후 교수로서 사회참여운동을 활발하게 하였는
데 제가 나이가 어린 편이어서 실무를 담당하는 총무 역할을 맡
았고, 10년 가까이 그 일을 했습니다. 영남노동운동연구소가 만
들어진 것은 이 즈음입니다. 영남노동운동연구소는 지역의 연구
자들과 현장 활동가들이 모여 노동운동의 방향을 함께 고민하고
연구하기 위한 모임이었습니다.

**김외숙** 교수가 해야 할 일 가운데 가장 중점을 두는 것은 사
회참여라고 생각하십니까?

**김석준** 물론 교수는 일차적으로 학문연구와 강의에 최선을 다
해야겠지요. 그렇지만 저는 학문을 연구하는 연구자의 역할도
충실해야 하지만 사회참여 또한 교수로서 무시할 수 없는 부분
이라고 생각합니다. 저는 사회참여를 통해 제가 해야 할 역할이
있다고 생각해오고 있습니다.

**김외숙** 처음 교수를 시작했을 때에 비해 지금은 본격적으로
정치를 하시는 등 훨씬 많은 일을 하고 계시는데 어려운 일은 없

진보와 대화하기

으셨는지요? 그리고 그와 관련하여 정치 활동과 강의를 병행하는데 어려움은 없으신지요?

**김석준**  과연 연구와 사회참여 두 가지를 모두 제대로 할 수 있을까 하고 걱정해 주시는 분들도 있습니다. 그러나 어느 날 갑자기 활동을 늘려 나간 것이 아니라 교수가 된 이후 계속 해왔던 일들이기 때문에 정치활동을 한다고 해서 크게 힘들다는 생각은 하지 않습니다. 지금 민주노동당 활동을 하는 것도 사회참여 활동의 연장선이고 처음부터 나름대로 훈련이 되어 왔기 때문에 크게 힘든 것을 느끼지는 않습니다.

1986년 교수서명운동을 주도할 때, 사실 겁도 많이 났습니다. 최악의 경우 해직당할 각오하고 행동을 해야 했는데 그때 사회적 분위기가 학교 측에서 학생들을 자극할 수 없는 상황이어서 그 덕분에 해직은 면했습니다. 그러나 서명을 주도했다는 이유로 학과장에서 보직해임되고 승진에서도 탈락했습니다.

그리고 '영남노동운동연구소'를 만들 때에도 분위기가 험악했습니다. '영남노동운동연구소'는 연구자들만의 모임이 아니고 당시 영남지역에서 가장 적극적으로 활동하는 현장 활동가들과 연구자들이 함께 결합하는 모임이었는데, 1994년 시점만 해도 그런 모임에 대해서 언제든지 조직 사건으로 만들어서 탄압대상

이 될 수 있는 상황이었습니다. 아니나 다를까 연구소를 만들자 말자 〈한국사회의 이해〉 사건*이 터져서 연구소에 같이 참여하던 경상대학교의 장상환 교수와 정진상 교수가 국가보안법으로 입건이 되면서 저희 연구소도 내사를 당했습니다. 그때가 위기 상황이었는데 큰 탈 없이 잘 넘어갔어요.

아무튼 두 가지 일을 병행하고는 있지만 교수로서 제가 해야 할 일에 대해서는 나름대로 최선을 다 하기 때문에 그에 대한 비판은 그리 많지 않은 것 같습니다. 학생들이나 동료 교수 혹은 학교 당국으로부터 정치를 겸함으로써 연구와 강의에 소홀히 한다는 평가를 받은 적이 없습니다. 지난 시장선거 과정에서도 수업과 선거운동을 병행했지만 어느 것에도 소홀하지 않았다고 감히 자신 있게 말씀드릴 수 있습니다.

옛날 병서에 보면 '성을 지키는 사람보다 성을 공격하는 사람

---

* 1994년 진주 경상대 장상환 교수와 정진상 교수가 신입생 교양강좌인 '한국사회의 이해' 강의안을 토대로 낸 책 〈한국사회의 이해〉를 발간하자, 검찰이 이 책이 계급 혁명을 선동하고 있다며 국가보안법 위반 혐의로 기소한 사건. 2005년 3월11일 대법원(주심 조무제 대법관)이 1심과 2심의 무죄판결에 대한 검사의 상고를 기각하여 무죄를 확정 판결함으로써 1994년에 시작된 이 사건은 마침내 끝났다. 이 사건으로 국가보안법이 국가안보가 아니라 정권 안보, 기득권세력 안보에 악용되고 있고, 학문, 사상, 표현의 자유를 억압함으로써 우리 사회의 발전을 가로막는 법률이 분명하다는 사실을 많은 국민들이 인식하게 되었다.

진보와 대화하기

교수로서 시장 선거에 출마를 결심한 것도
쉬운 선택은 아니었을 텐데……

이 병력이나 화력이 3배 이상 되어야 한다.'는 이야기가 있습니다. 우리가 세상을 바꾸고자 한다면 세상을 지키려고 하는 사람들보다 최소한 세 배 이상 숫자가 많거나 세 배 이상 더 노력을 해야만 합니다. 저는 이런 생각을 했기 때문에 대학원 다닐 때에도 공부를 위한 공부를 하는 사람들보다 세 배는 더 열심히 해야된다고 마음먹었습니다. 교수는 사회적 지위 자체가 기존 체제를 보강하거나 지지하는 역할을 하는 분들이 절대 다수인데, 그렇지 않은 선택을 했을 때는 그런 분들보다 훨씬 부지런하게 노력할 수밖에 없다는 생각을 했습니다.

**김외숙** 정당 활동을 시작하시면서 고민이 많으셨을 것 같습니다. 교수로서 시장 선거에 출마를 결심한 것도 쉬운 선택은 아니었을 텐데…….

**김석준** 시장 출마는 정말 어려운 선택이었습니다. 저는 이전부터 진보정당운동이 필요하고 제가 역할을 할 수 있는 기회가 주어진다면 적극적으로 역할을 다 해야겠다는 생각을 하고 있었습니다. 그러나 연구자로서 정책을 개발하는 정도로 제 역할을 생각했기 때문에 출마를 하게 되리라고는 꿈에도 생각하지 못했습니다. 그래서 아내에게도 진보정당 활동을 하더라도 출마할

 '이번에 출마하는 것은 대학 다닐 때 제적당하지 않고
졸업해서 남들보다 일찍 국립대 교수가 되고
비교적 편한 삶을 살아 온 것에 대한 빚 갚음이다.'

일은 없을 테니 걱정 붙들어 매라고 했습니다. 그런데 시장 후보
를 내지 않고서는 지방선거 자체가 어려운 상황에서 주위의 반
강제적 권유를 끝까지 뿌리칠 수 없어 부산시장 후보로 나서기
로 결심을 했습니다. 후보수락연설에서 '이번에 출마하는 것은
대학 다닐 때 제적당하지 않고 졸업해서 남들보다 일찍 국립대
교수가 되고 비교적 편한 삶을 살아 온 것에 대한 빚 갚음이다.'
라는 말을 했습니다. 그래서 주위에서 권유를 한 사람들에게 '이
번이 처음이자 마지막 출마이니 다시는 출마를 강요하지 마라.'
는 다짐을 받기도 했습니다.

   **김외숙**  '부채의식' 때문에 출마를 결심하셨다는 부분이 참 인
상적입니다. 저희들도 1980년대 대학 다닐 때 많은 사람들이 학
생운동을 하다가 현장으로 위장취업을 해서 노동판에 들어가기
도 하고, 소위 녹화사업이란 것으로 강제로 군대에 끌려가기도
했는데, 한편에서는 도서관에서 고시공부에 몰두하는 사람들도
있었습니다. 저도 고시공부를 하는 사람들 중의 한 사람이었기
때문에 마찬가지의 '부채의식'을 가지고 있었거든요. 그래서 말
씀하시는 그런 부분이 마음에 와 닿습니다.

   **김석준**  교수나 소위 진보적 지식인으로서 활동하고 있는 사람

들 가운데 1980년대 대학생활에서의 부채의식을 가지고 있는 사람이 많이 있습니다. 그 분들이 부채의식을 가지고 있다는 것이 우리 사회를 건강하게 만들어가고 있는 요인 가운데 하나라고 생각합니다.

**김외숙** 사람들은 흔히 선거에 출마하면 유명세도 얻게 되고, 당연히 개인적인 야심도 생기고 그래서 자꾸만 맛을 들여간다고 단정해 버리기도 합니다. 이러한 오해와 비난의 소지가 있음에도 불구하고 본인이 걸어가고자 하는 길을 당당히 걸어가는 모습이 무척 아름답게 느껴집니다.

**김석준** 그렇게 생각해주시니 고맙습니다. 그렇지만 주변에 있는 오해의 눈길에 대해 신경 쓰지 않고 담담하게 자기 갈 길을 가는 게 그리 쉬운 일은 아닙니다. 얼마 전 한 토론회에서 토론자로 참석하고 점심을 먹는데 뒤에서 '교수가 뭐~자꾸 그래. 시장 나갔다가 국회의원 나갔다가 또 나가냐.'는 비아냥거리는 소리가 들렸습니다. 과히 기분 좋은 소리는 아니었지만 제 나름대로는 우리 사회에서 민주노동당이라는 진보정당이 제대로 단단한 기반을 마련할 때까지 저에게 주어진 역할이 있고, 그 역할을 충실히 하는 과정에서 출마가 필요하다면 마다하지 않겠다는 생

민주노동당 활동은 해도 출마는 하지 않겠다는
약속까지 어겼으니 '정치꾼이 다 돼가고 있다'며
화를 냈습니다.

각이 있었습니다. 첫 출마 이후 다시는 출마하지 않는다고 선언
을 했지만 제가 갚아야 할 빚이 아직도 남아 있다고 생각하기 때
문에 다시 나서게 되었습니다.

**김외숙** 부산시장으로 출마를 결심하셨을 때 아내의 반대가 심
했다고 들었습니다.

**김석준** 사실 출마를 결심하고도 바로 이야기를 못했어요. 당
내부에서는 후보로 결정되었고 저도 수락을 했는데 예전에 출마
는 하지 않겠다고 한 약속이 있어서 쉽게 말을 꺼내기가 어려웠
습니다. 몇 번 이야기를 하려고 했는데 도무지 입이 떨어져야 말
이죠. 그렇다고 끝까지 말을 안 할 수는 없어서 10월 마지막 날
아내를 집 앞 맥줏집으로 불러냈습니다. 그런데 평소에 안 하던
짓을 하니 좀 이상하다는 생각이 들긴 들었나 봐요. 결국 그날도
아무런 이야기를 하지 못했습니다. 딴 이야기만 하다가 입이 안
떨어져서 그냥 맥주만 마시다 집으로 들어갔죠. 그리고 11월 4일
인가 후보로 나선다는 사실이 언론에 발표되었습니다. 11월 30
일에 선출대회가 예정되어 있는 상황이었는데, 아내가 신문기사
를 통해서 제가 출마한다는 사실을 알게 되었습니다. 신문을 직
접 본 것도 아니고 직장동료가 '너네 신랑 시장후보 나온다며?'

30                                                    진보와 대화하기

해서 알게 되었으니 얼마나 황당했겠어요. 우선은 먼저 이야기 안 한 것 때문에 속이 상했고, 민주노동당 활동은 해도 출마는 하지 않겠다는 약속까지 어겼으니 '정치꾼이 다 돼가고 있다' 며 화를 냈습니다.

**김외숙** 지난번 언젠가 '후원회 밤' 할 때 부인께서 단상에 올라 오셨던 것 같은데…….

**김석준** 예, 정확히 기억은 나지 않지만 그랬던 적이 있었던 것 같습니다.

**김외숙** 그동안 살아오면서 보여준 신뢰가 쌓여 있었기 때문이 아닐까요? 또 출마를 하셔야 하는데, 지금은 어떠신지?

**김석준** 그 후 저는 국회의원 출마까지 하게 되었고, 그 때도 이야기를 못해서 신문을 보고 출마한다는 사실을 알았답니다. 이번에는 8월쯤에 일찌감치 언론에 보도가 되어서 서서히 적응이 되어 가는 것 같습니다.

제가 보기에 이전에 굉장히 반대를 했던 것은 잘 몰라서 그랬겠지만 출마하면 당선될 가능성이 큰 줄 알았나 봐요. 그렇게 되

면 공부하는 사람을 남편으로 두는 게 아니라 정치가를 남편으로 둬야 하는 부담감이 작용했던 것 같습니다. 정치가에 대한 우리 사회의 평가가 굉장히 부정적이지 않습니까? 그랬는데, 최근에는 별로 걱정을 안 하는 것 같습니다. '나가 봐라, 또 떨어진다!' 는 거겠지요. 그리고 출마를 해도 사람이 별로 달라지지 않는 것 같고 생활에도 별 변화가 없다는 것을 확인했기 때문인 것 같습니다. 제가 좀 더 바빠지고 집안일을 하는 시간이 줄어들기는 하지만 그 정도야 감수할 수 있는 수준이겠죠. 어차피 해오던 설거지는 계속하고 있으니…….

**김외숙** 대개 정치에 발을 담그면 사람이 변한다고들 하는데…….

**김석준** 보통 출마를 하게 되면 일상생활에 커다란 변화가 일어나겠죠. 출마한 남편만 바쁜 게 아니라 부인이 한복 입고 허리 굽히며 따라다니는 건 기본이고, 저도 선거운동 기간이 되면 바빠지는 건 마찬가지입니다. 하지만 다른 후보들처럼 상가집이나 결혼식장을 누비고 다니는 것을 안 하기 때문에 조금은 낫습니다. 저는 TV토론이나 정책선거에 집중하기 때문에 상대적으로 덜 바쁜 편입니다. 그리고 아내에게 한복 입고 선거운동 같이 하

진보와 대화하기

대개 정치에 발을 담그면 사람이
변한다고들 하는데…….

자고 조르지도 않고... 집사람이 예민한 것 중 하나가 거짓말하
는 것인데, 제 경우에는 정치계에 입문을 한 뒤에도 별로 거짓말
을 하거나 말 바꾸는 일이 없으니 개인 김석준에 대한 신뢰에 금
이 갈 일도 없는 듯합니다. 정치활동으로 인해 여태까지 크게 변
한 것은 없는 것 같고 시장에 당선이 되더라도 크게 달라질 일이
없을 것 같습니다.

# 나는 길처가

여성관, 교육제도에 대하여...

**김외숙**   여성관은 어떻습니까? 본인을 페미니스트(feminist)
라고 생각하십니까? 평소에 아내에 대해서는 어떤 분이십니까?

**김석준**   페미니스트 반열에 감히 낄 수 있을 정도는 못 됩니
다. 하지만 적어도 남성과 여성은 집안일이고 집밖의 일이고 간
에 동등한 권리를 가지고 있다고 생각하고 실천하면서 살아오고
있습니다. 제 경우, 평소에도 설거지, 빨래는 열심히 합니다. 그
런데 지난 선거에 출마를 하였을 때는 점수를 따기 위해 새벽까
지 집사람 논문 쓰는 작업을 도와주고 그랬습니다. 저도 나름대
로 고생을 많이 했습니다. 선출대회 때 와줬으면 좋겠다고 부탁
을 했는데 처음에는 가지 않겠다고 하더니, 나중에 보니 행사장
에 나와 한 쪽 구석에서 제가 시장 후보로 선출되는 것을 지켜봐
주었습니다. 많이 고마웠습니다.

**김외숙**   구체적으로 가사분담은 어떻게 하시는지요?

**김석준**   집안일은 같이 나누어서 하려고 합니다. 아무래도 제
가 바깥일이 많기 때문에 똑같이 나눌 수는 없지만 제가 할 수
있는 만큼은 같이 합니다. 아내의 경우에도 바깥 활동을 하고 있
고 또 그렇게 건강한 편이 아니기 때문에 제가 집에 와서 가사를

진보와 대화하기

분담하지 않으면 아내가 바로 탈이 나죠. 탈이 나면 제가 훨씬 힘들고 불편해지기 때문에 더 큰 불편을 사전에 예방하는 차원에서 미리 알아서 열심히 하는 편입니다. 아무튼 여태까지 크게 아팠던 적이 없으니까 지금까지는 작전이 성공한 셈인가요?

**김외숙** 자제분은 어떻게 되시는지?

**김석준** 막둥이가 이제 중학교 2학년이고 그 위로 딸 둘이 있습니다.

**김외숙** 흔히들 바깥에서 운동하는 사람들이 집에 가면 훨씬 더 보수적이라고 하고 '최후로 해방되는 계급이 여성일 것' 이라고 하기도 하는데, 남편으로서 스스로를 평가하시면?

**김석준** 길처가라고나 할까요…….

**김외숙** 길처가요? 무슨 뜻인지요?

**김석준** 부인 앞에서 그냥 설설 기는 것을 길처가라고 하지요.

**김외숙** 처음 뵈었을 때 인상이 굉장히 따뜻한 분이라는 생각을 했습니다. 운동하는 사람들 중에서는 워낙 험하게 살고 전투적이어서 그런지 성격까지도 그렇게 느껴지는 사람들도 많았는데, 항상 웃고 다니는 모습이 보기 좋습니다. 부인도 그런 모습에 반한 게 아닌지요?

**김석준** 학생운동하던 다른 친구들은 일부러 연애를 하지 않았습니다. 언제 잡혀갈지 모르기 때문에 가능하면 모든 관계를 깔끔하게 정리해 놓아야 했기 때문이었죠. 당시 운동권 학생들에겐 수첩에 메모 안 하는 것은 기본이고 사진도 안 찍고 매달 자취방도 옮겨 다니는 친구도 있었어요. 그런 시절에 대학을 다녔는데 저는 어떻게 하다 보니까 학교 다닐 때 지금의 아내를 만나 연애를 했습니다. 반하기는 제가 먼저 반했죠.

**김외숙** 두 분의 각자 수입은 어떻게 관리 하시나요? 집은 누구 명의로 되어 있는지요?

**김석준** 집은 제 이름으로 되어 있습니다. 제가 결혼할 때 아버님께서 서울의 봉천동에 연탄보일러를 쓰는 조그만 아파트를 얻어 주셨습니다. 부산 내려올 때 그걸 팔고 빚을 내서 집을 마

진보와 대화하기

대부분의 사람들이 재산을 남편 이름으로 해두고 있고
특히 가사노동만 하고 있는 경우 공동명의로 하자는 말을
꺼내기가 사회 분위기상 어렵고,

련했는데, 처음에 아버님 돈이 들어가다 보니 분위기상 제 이름
으로 등기가 되어 있습니다. 요즘은 집사람이 그럽디다. "이름
바꿔줘. 왜? 집까지 다 날릴지도 모르니까."

제가 처음 부임했을 때에는 손으로 쓴 월급봉투로 월급을 받
았습니다. 아마 첫 월급이 36만 원인가 했지요. 나중에는 은행
통장으로 바로 입금됐는데, 통장에 들어가고 나서는 제가 월급
이 얼마 나오는지 모릅니다. 집사람이 관리하고 용돈 받아쓰듯
이 한 달에 일정액을 받아서 생활을 합니다.

**김외숙** 대부분의 사람들이 재산을 남편 이름으로 해두고 있고
특히 가사노동만 하고 있는 경우 공동명의로 하자는 말을 꺼내
기가 사회 분위기상 어렵고, 같이 일을 해서 벌었다 하더라도 대
부분은 남편 명의로 되어있는 것이 현실입니다. 그래서 한 사람
이 일방적으로 처분을 해 버렸을 때 자기의 몫을 인정받지 못하
는 면들이 있어 여성계에서 재산법을 바꾸자는 요구를 많이 하
고 있습니다. 법리적으로는 별산제가 법정 재산제이기 때문에
명의를 가진 사람들이 소유권을 행사할 수 있게 되어 있는데 부
부가 가진 재산은 모두 공동재산이라고 법이 선언해주기를 여성
계에서는 바라고 있는 것이죠. 재산을 공동명의로 하실 의향은
없으신가요?

옳은 것은 옳다고 이야기할 수 있는 것이
저도 그렇습니다만,
민주노동당만이 가지고 있는 힘이라고 생각합니다.

**김석준** 저는 당연히 그렇게 하는 것이 옳다고 생각합니다. 가사와 육아에 전념하고 있다 하더라도 재산형성에 절반의 기여는 했다고 인정해야 하고 재산의 소유와 분할을 개인의 합의에 맡겨 둘 것이 아니라 법제화할 필요도 있다고 봅니다. 저도 아파트 명의를 집사람 이름으로 해 둘 생각을 하기도 했는데, 현재 살고 있는 집을 살 때 제 명의의 대출금이 주요 재원이었기 때문에 명의를 이전해서 생기는 실익이 별로 없어서 계속 제 명의로 해 놓고 있습니다.

**김외숙** 대출 채무자입니까?

**김석준** 예. 그렇습니다. 지금 상황은 공동소유보다 공동채무가 될 가능성이 높아서, 대출금을 다 갚거나 집사람이 원하면 언제든지 명의를 바꾸거나 공동명의로 할 생각이 있습니다.

**김외숙** 개인적인 생각은 그렇다 하더라도 공동재산제를 입법화하자고 하면 지금 분위기로는 남성표가 많이 떨어질 것 같은데요?

**김석준** 떨어지더라도 그건 필요할 것 같습니다. 표를 의식해

진보와 대화하기

서 유불리를 따지기보다는 원칙적으로 어떤 것이 옳으냐로 가치 판단을 해야겠죠. 저희들이 호주제 폐지를 당론으로 정할 때도 남성들의 반발은 당연히 있을 수밖에 없었죠. 호주제 폐지 캠페인을 할 때 부산에서 제가 호주제 폐지 홍보대사 역할을 했었거든요.

**김외숙** 정치를 하다 보면 표를 의식하지 않을 수가 없을 텐데요. 소신과 표 사이에 갈등이 일어나면 어떻게 하십니까?

**김석준** 정치인이 표를 의식하지 않을 수는 없겠지만 그것 때문에 할 말을 못하는 일은 없었고, 앞으로도 없을 겁니다. 옳은 것은 옳다고 이야기할 수 있는 것이 저도 그렇습니다만, 민주노동당만이 가지고 있는 힘이라고 생각합니다.

**김외숙** 재산제도에 대해서 민주노동당의 당론은 특별히 따로 없습니까?

**김석준** 아직까지 당론으로 마련하고 있지는 않습니다. 양성 평등 문제와 관련해서 주되게 해 왔던 것은 호주제 철폐인데 그것이 제도적으로 실현이 되었고, 재산제도에 관해서는 여성계의

 애들을 우리가 기대하는 틀에 넣으려고 해서는 안 되고
자기 스스로 생각하고 변화할 수 있도록
도와주는 것이 부모의 역할이라는 생각이 들었어요.

문제 제기가 있으면 자연스럽게 논의가 되고 공동재산을 인정하는 방향으로 당론이 결정될 것으로 생각합니다. 저희들은 양성평등 차원에서 선출직이나 공직, 당직에 대해서 현재 30%의 여성 의무할당을 하고 있는데 앞으로는 할당 비율을 더 높여가는 논의가 진행되는 것도 필요하다고 생각합니다.

**김외숙** 아이들 가정교육은 어떻게 시키고 계신지요?

**김석준** 첫째하고 둘째하고 터울이 크거든요. 일곱 살 차이가 나는데, 첫 애는 기대를 많이 해서 그런지 이런 방향으로 커 줬으면 하고 바랄 때가 많아서 간섭도 하고 통제도 많이 했습니다. 그런데 그것이 별로 좋은 방법이 아니라는 것을 나중에야 알았죠. 첫째의 경우에는 중3때까지는 소위 모범생, 우등생이었는데, 중3때부터 말을 안 듣기 시작해서 고등학교 2학년 때까지 정말 속을 많이 썩이더라고요. 저는 클 때 아버님한테 많이 맞고 자랐거든요. 원래 엄한 시어머니 밑에서 엄한 시어머니 난다고, 제가 아버님한테 영향을 받았던 게 있어서인지 큰놈한테 야단도 치고 심지어 딸인데 매도 때리고 했는데도 … 도저히 못 이기겠더라고요. 그랬는데 고3이 되더니 자기 스스로 정신을 차린 것 같아요. 자기 나름대로 열심히 하더니 대학도 들어가고 지금은 졸업

진보와 대화하기

해서 취업도 했죠. 딸아이에게 고맙게 생각하고 있습니다.

　첫째 애를 보면서 애들을 우리가 기대하는 틀에 넣으려고 해서는 안 되고 자기 스스로 생각하고 변화할 수 있도록 도와주는 것이 부모의 역할이라는 생각이 들었어요. 둘째, 셋째 애들은 저희 부부 둘 다 직장생활 때문에 제대로 챙길 여력이 없어서, 학교 갔다 와서 학원에서 밥 얻어먹고 다니는 식으로 할 수 밖에 없었습니다. 둘째도 중학교 들어가더니 속을 많이 썩였습니다. 그래도 첫째보다는 빨리 제 자리를 찾았습니다만... 이런 모습들을 보면서 집사람은 '봐라, 애들은 내버려두면 자기가 알아서 한다.'고 주장하고 있고 저도 그 의견에 따르고 있습니다. 첫째의 경우에는 숙제를 엄마가 다 해주는 스타일이었는데 반해 둘째는 숙제뿐만 아니라 모든 걸 자기가 알아서 했습니다. 문제는 막둥이 아들인데, 어릴 때부터 관심을 제대로 기울이지 못했습니다. 늘 혼자 있다 보니 학교 갔다 와서 컴퓨터 게임하고 학원 잠깐 갔다 와서 다시 게임을 하는 식이었지요. 이러다 보니까 공부도 안 하고 말도 잘 안 듣고 그런 상태입니다. 이런 상황을 어떻게 바꿔나가야 하나 고민하고 있는데 이제 덩치가 커져서 힘으로도 안 되고... 어쨌든 집사람은 딸들하고 아들은 좀 다르다, 딸들은 자기 나름대로 사춘기적인 방황을 하더라도 어느 정도는 스스로

생활 속 진보주의자

자기 페이스를 찾아 가는데 아들은 어렵다, 뭐 이러고 있습니다.

**김외숙** 아버지의 역할이 더 중요하다고 말씀하시지 않던가요? 아들에게 있어서는…….

**김석준** 그렇기는 합니다. 집사람은 직장이 멀고 제가 집에서 가까우니까 저녁이라도 챙겨주고 일해 왔기 때문에 발언권은 제가 더 있었죠. 아이들한테 제가 시간을 더 많이 할애하는 편이었기 때문에 집사람에 대해서는 불만이 좀 있었죠. 자기일 바쁘고 열심히 하는 건 좋지만 아이들에게 너무 신경 쓰지 않는 것 아니냐고 했을 정도였는데 지금은 제가 오히려 아들한테 아버지로서 해야 될 역할을 제대로 못하고 있다는 생각을 하고 있습니다.

**김외숙** 지금 대부분 학부모들이 자의반 타의반으로 경쟁구조 속에서 아주 일찍부터 아이들 사교육에 열심인데요. 아이들 학원은 보내시나요?

**김석준** 예, 학원에 보내고 있습니다.
저는 진보적인 생각을 갖고 있는 사람들은 아이들을 학원에도 안 보내야 되고 사교육도 안 시켜야 된다고 생각하지는 않습니

진보와 대화하기

다. 아이들은 그럴 수밖에 없는 조건 속에 사는데 사교육을 안 받게 하는 것은 아이들에게 세상의 압력을 혼자 견뎌내라고 하는 이야기밖에 안 되는 것 같습니다. 제도적으로 사교육이나 비인간적인 경쟁을 강요하는 풍토를 바꿔내는 것은 반드시 필요하지만 우리 애를 그런 대열에 안 들어가게 혼자 떼 내어 놓는다고 해서 문제가 해결되는 것은 아니라고 생각합니다. 현실적으로 아이들이 학원에 가지 않으면 친구가 없습니다. 저 개인적으로는 탁아방이나 학원이 없었으면 애를 제대로 키울 수도 없었습니다. 부모 대신에 아이를 챙겨주고 어릴 때는 밥도 챙겨주고 했으니까요. 지금 문제는 그런 조건 속에서 경쟁시장에 더 적응을 잘하도록 채찍질을 할 거냐 말 거냐의 문제인데, 결과적으로 부모가 할 수 있는 개입의 범위가 크다고 생각하지는 않습니다.

**김외숙** 한국 사회가 공부로 아이들을 평가하는 것, 실제 학부모로서 어떻게 생각하십니까?

**김석준** 집사람 직장이 조그마한 전문대학인데 성적으로는 하위권 학생들이 오는 대학입니다. 집사람은 4년제 대학에 있는 교수들은 이런 열악한 전문대학에 와서 교수들이 어떻게 아이들을 가르치고 어떤 일을 하는지 한 달 동안이라도 연수받으러 와야

된다고 이야기할 정도로 많은 노력을 기울이고 있습니다. 경쟁 속에서 실패한 아이들이 모였을 수도 있지만 열심히 공부하고 졸업해서는 대부분 건강하게 자기 자리를 찾아가고 있습니다. 그런데 제가 있는 부산대 사범대의 경우에는 10% 이내의 우수한 학생들이 모이는 곳입니다. 스스로 찾아서 잘 하고 있습니다만 ... 교육이 정말 해야 될 것이 뭐냐 라는 질문에 대해서 고민을 해보면, 학교에서 성적으로는 경쟁력이 없는 아이들이라 하더라도 자기가 하고 싶은 일을 찾아서 사회적으로 자기 몫을 할 수 있는 사회 구성원으로 키워내는 것이 아닐까 생각합니다.

**김외숙**  그런 원칙이 자제분에게도 해당합니까?

**김석준**  솔직히 저는 우리 막둥이가 공부도 잘 못하고 특별히 잘 하는 것도 없는 평범한 청소년이지만, 크게 걱정을 하지는 않습니다. 공부를 잘 못하더라도 자기 스스로에 대한 최소한의 자존심만 가지고 있으면 좀 늦더라도 자기 일을 찾아가지 않을까 하는 믿음을 갖고 있기 때문이지요. 그래서 큰 놈이 늘 그럽디다. 아빠는 왜 동생들한테는 관대하면서 어릴 때 저한테는 그렇게 엄하게 했냐고. 어쨌든 공부가 인생의 기준이 될 수는 없다고 생각하고 있습니다.

진보와 대화하기

사회적으로 최소한 직업에 대한 귀천이 없어
보였는데, 학문은 고귀하고 육체노동은 천하다는
생각을 하지 않는 것 같더라고요.

**김외숙** 예전에 헝가리에서 공부하는 친구를 만났을 때 저는
그 나라의 교육제도가 참 부러웠습니다. 빈부와 상관없이 공부
에 대한 재미와 열정이 있는 사람들은 대학에 가서 학문의 길을
선택하고 그렇지 않은 사람들은 자신의 적성에 맞는 일을 일찌
감치 찾아 나가더군요. 사회적으로 최소한 직업에 대한 귀천이
없어 보였는데, 학문은 고귀하고 육체노동은 천하다는 생각을
하지 않는 것 같더라고요. 그러니까 굳이 이름뿐인 졸업장이 필
요하지도 않을 테고요. 그래서 저는 지금도 '왜 꼭 대학을 가야
할까, 모든 사람들이 대학을 가는 사회가 바람직한 사회일까?'
하는 생각을 갖고 있습니다.

**김석준** 우리 사회에서는 대학을 안 나오면 일자리가 문제가
아니라 사람대접을 못 받는 구조가 되어 있습니다. 대학을 나온
다고 직장이 보장되거나 더 행복해진다는 보장이 전혀 없음에도
불구하고 기를 쓰고 대학을 가려고 하는 것은 대학을 나오지 않
은 사람에 대한 사회적 평가가 부정적이기 때문입니다. 시작해
보기도 전에 이미 탈락자라고 사회적으로 낙인을 찍는 것이죠.
　우리가 압축적인 고도성장 시스템을 유지해 오면서 조금이라
도 더 배운 사람을 투입하는 것이 효율적이라고 판단했을지 모
르지만 지금은 대학을 많이 가는 것이 사회적으로 효율성이 떨

어지는 시스템으로 이미 바뀌었습니다. 그래서 이제는 대학을 나오지 않아도 자신의 일이나 역할에 따라서 정당하게 평가받을 수 있는 체제로 변화가 되어야 하는데, 이미 형성되어 있는 시스템과 의식이 하루아침에 바뀔 것 같지는 않습니다. 일부에서는 이력서에 학력란을 없애는 등 학력차별에 대한 사회적 인식이 제고되고 있기는 합니다만 근본적으로는 목숨을 걸고 매달릴 수밖에 없는 경쟁시스템을 바꾸지 않으면 변화가 쉽지 않을 것이라고 생각합니다.

민주노동당에서 대학서열철폐를 위해 우선은 국립대학부터 통합을 하자고 하는 것이 그 자체가 완벽한 답은 아니라 하더라도 대학의 서열화 때문에 생겨나는 과잉 교육열을 잡아가는 중요한 한 방법이 될 거라는 생각을 합니다.

진보와 대화하기

# 지역에서 변화를 일으키자

### 노동운동과 지역운동에 대하여...

　　**김외숙**　다른 질문으로 한번 가볼까요? 노동운동과는 어떻게 인연을 맺으셨나요?

　　**김석준**　노동운동과의 인연은 1987년 6월항쟁 이후 7~9월 노동자 대투쟁 기간 동안 노동현장에서 활동하던 활동가들과 개인적으로 알게 되면서부터 시작된 셈입니다. 이후 부산지역에서 부노련·노단협 등의 노동단체들이 만들어질 때 관심을 가지고 지켜보기도 했습니다.

　　그러다가 1990년 전노협이 결성될 때 자문위원으로 참여한 것이 공식적인 관련을 맺는 계기였습니다. 이후 '영남노동운동연구소'를 만드는 과정에서 문성현 선배 같은 분들하고 공동으로 추진위원장을 맡으면서 현장과 인연을 맺게 되었습니다. 노동에 대한 관심은 제가 사회학을 전공하였는데, 그 가운데서 지역 문제를 크게 중요하게 생각하면서부터이지요.

　　**김외숙**　그러면 교수가 되고 난 후부터 노동운동과 관련을 맺게 된 거겠네요?

　　**김석준**　그렇습니다. 제가 1983년 부산대학교로 내려오기 전에는 지도교수가 신용하 교수님이었고 전공영역을 사회사로 했

지방으로 내려가서 서울을 포위하자,
지역에서부터 변화를 일으켜서 서울을 변화시키자는
생각을 했습니다.


었어요. 그 당시에는 현실 문제를 바로 다루기가 굉장히 부담이 많았죠. 그래서 우회하기 위해서 역사를 사회학적 방법으로 접근하는 사회사를 할 수밖에 없었습니다. 부산에 와서 공부하고 또 학생들을 가르치면서 그래도 사회학은 현실 문제를 붙들고 늘어질 수밖에 없다는 판단을 했고 박사 논문을 쓰면서 지도교수님을 바꿨죠. 전공도 바꾸고. 굉장히 부담스러운 일이었고, 괘씸죄에 걸릴 수 있는 일인데도 불구하고 '지역사회학'으로 전공을 바꿨던 것은 대학을 다니면서도 지역으로 내려가야 한다는 생각이 있었기 때문입니다. 이미 서울에서 변화를 모색하기는 어렵다고 판단해서 대학원 진학을 준비하고 함께 공부하던 친구들끼리 지방으로 내려가서 서울을 포위하자, 지역에서부터 변화를 일으켜서 서울을 변화시키자는 생각을 했습니다. 그래서인지 그 때 같이 학생 운동권에 있으면서 대학원을 가기 위해서 준비했던 사람들이 모두 지방대학 교수가 되었어요. 일부는 약속을 어기고 지금은 서울대 교수가 되어있기도 하지만요.

**김외숙** 사회적으로 '지역'이라는 것이 무슨 의미를 갖는 겁니까? 특히, 노동과의 관련 속에서요.

**김석준** 제가 박사 과정을 다닐 때 가장 중요한 화두는 계급문

제였습니다. 그런데 대부분이 전국적 차원이나 서울 중심으로 그 문제를 다루었지요. 저는 이걸 지역수준에서 연구를 더 진전시켜 보자는 생각을 했습니다. 계급연구를 하다 보면 중심적인 주제가 노동자 계급으로 모아질 수밖에 없었고, 지역에서 노동자들이 어떤 상태로 존재하고 또 어떻게 노동운동을 하고 있는가 이런 것을 연구자 입장에서 자료를 모으고 관련되는 분들을 만났습니다. 이런 과정에서 1988년에 부산에 있는 젊은 교수들 중심으로 '지역사회 연구회'라는 게 만들어졌는데, 그때 주요한 역할을 했던 분이 이태일 교수님, 황한식 교수님이었고 저는 총무를 맡아 실무적인 일을 했습니다. '지역사회연구회'는 나중에 전공별로 분화가 되면서 각기 다른 모임을 하게 되었는데, 이 지역에서의 사회학의 주요 화두는 노동운동일 수밖에 없다는 생각에 노동운동에 대한 연구자적 과제를 넘어서서 현장에 대한 실천적인 개입이 필요하다는 생각을 했습니다. 그래서 현장 활동가로 중요한 역할을 하고 있던 문성현 선배, 이갑용, 권영목 같은 분들과 임영일 교수, 정진상 교수 등과 제가 '영남노동운동연구소'를 만들고 노동문제에 대해 본격적으로 관심을 가지고 공부를 하게 되었습니다.

**김외숙** 그러면 지역과 노동과 관련한 실천적 과제로서 당시

가장 주요하게 생각한 것은 어떤 부분입니까?

**김석준** 저희들이 연구소를 하면서 중점적으로 고민했던 것은 기업별 노조를 어떻게 극복할 것인가 하는 문제였습니다. 노동운동의 미래를 보장받기 위해서는 산업별노조로 전환하지 않으면 안 된다고 하는 문제의식을 공유하면서 현장 노동조합 운동가들이 믿고 따라 올 수 있는 그림을 한발 앞서서 제시해주는 역할을 해야 한다고 생각했고 나름대로 성과를 거두었다고 생각합니다.

**김외숙** '영남노동운동연구소' 활동 외에 다른 지역 활동도 많이 하셨던 것으로 알고 있는데…….

**김석준** 1988년에 '부산경남 민주화 교수협의회(이하 민교협)'를 만들어서 제가 초대 총무를 했습니다. 그 당시에는 지역에서도 민주화운동이 다양하게 성장하면서 노동, 청년, 통일 등 각 부문운동들이 활성화되고 있었습니다. 이런 부문운동들을 통합하는 연대기구로 '국민연합'이라고 하는 재야 연대 단체가 만들어졌습니다. 저는 이 단체에 교수들도 참여를 해야 된다고 주장을 했는데, '어떻게 우리가 총학생회, 청년회가 들어가는 단체

진보와 대화하기

연구소의 별명이 '산별노조의 전도사'라고 하던데,
어려운 과제를 달성하는데 연구소가 큰 역할을 했다고
평가를 할 수 있을 것 같습니다.

에 함께 들어가느냐'는 반응이 대부분이었습니다. 민교협이 제
대로 제 역할을 하려면 국민연합에 가입해야 한다고 끈질기게
설득을 하였습니다. 그래서 제가 총무로서 매주 회의에 참석을
하게 되었습니다. 그런데 처음 회의에 가 보니까 도무지 회의 체
계가 잡혀 있지 않아서 '이래서 무슨 회의를 하냐? 회의록이라
도 기록해라, 회의 전에 회의 안건을 보고 올 수 있도록 해 달
라.' 이런 식으로 잔소리를 꽤나 많이 했습니다.

그리고 전노협이 만들어질 때도 교수들 참여를 주장해서 전노
협 자문위원으로서 역할을 했습니다. 전교조가 출범하면서 많은
선생님들이 해직을 당하는 것을 보고 '교수들도 잘라라'며 전교
조에 가입을 하기도 했었습니다. 이런 과정에서 부산의 노동현
장 사람들도 알게 되었고, 그 과정에서 선후배도 많이 알게 되었
습니다. 이러면서 노동운동과 지역운동의 흐름을 자연스럽게 접
하고 알게 되었습니다.

**김외숙** 연구소의 별명이 '산별노조의 전도사'라고 하던데,
어려운 과제를 달성하는데 연구소가 큰 역할을 했다고 평가를
할 수 있을 것 같습니다. 10년이 넘었는데 연구소의 성과에 대해
서 어떻게 생각하시는지?

민주노동당은 노동자, 농민, 서민을
기반으로 하고 있지만 양심적인 지식인, 중소기업인들까지도
망라하고 있습니다.


**김석준** 산업별노조가 건설되고 있는 것이 연구소의 성과이기
도 하지만 우리 민주노조 운동의 성과이자 한계라고 생각합니
다. 민주노총이나 서울의 한국노동이론정책연구소와 한국노동
사회연구소가 만들어지기 전에 저희 연구소가 먼저 만들어졌고,
현장과 연구영역을 아우르는 모델을 제시하고자 했습니다. 저희
들은 초기에 '산별노조가 지금 가장 시급한 과제'라고 설정을
하고 출발을 했기 때문에 활동과정에서 '영남 마피아', '산별주
의자' 같은 딱지가 붙여지기도 했습니다. 그래도 저희들이 줄기
차게 주장을 했기 때문에 제대로 된 형태는 아니라고 하더라도
기업별노조를 넘어선 산업별노조로 가는 움직임이 하나의 흐름
으로 자리를 잡게 되었다고 자부하고 있습니다.

그나저나 저희들은 지금이 굉장히 어려운 국면이라고 생각을
합니다. 2007년부터 노동법 체계가 바뀌면서 개별기업에서 복
수 노조가 만들어지고 전입자 임금지급도 보장이 안 되는 상황
이 되면서 노동운동의 제도적 기반이 취약해질 수밖에 없습니
다. 그전에 제대로 된 산별노조를 만들어 내지 못하면 우리 민주
노조 운동도 일본의 전철을 벗어나기 어려울 수도 있다는 고민
을 하고 있습니다. 올해와 내년 사이에 제대로 산별노조를 만들
수 있을 것인지, 아니면 그 시도가 실패해서 위기에 봉착할 것인

지 굉장히 중요한 국면이고, 이 국면에서 연구소가 어떤 역할을 해야 할 것인가 하는 고민 속에서 답을 빨리 제시해야 한다는 강박증을 갖고 있습니다. 또 한편으로는 연구소의 상근인력을 더 확충하면서 전문적인 연구기관으로 방향을 전환해야 하지 않을까 하는 고민도 있습니다.

**김외숙** 경제 쪽으로 이야기를 한번 옮겨 보겠습니다. 경제는 심리적인 요인을 무시할 수 없습니다. 그런데 기업가들뿐만 아니라, 일반 시민들도 민주노동당이 반기업적이면서 너무 친노조적인 성향을 가지고 있다는 우려를 하고 있습니다.

**김석준** 그렇게 생각하는 것이 나름대로 일리는 있다고 봅니다. 민주노동당이 민주노총을 기반으로 해서 만들어졌고, 또 민주노총은 상대적으로 더 투쟁적이고 과격한 것으로 알려져 있기 때문에 민주노동당에 대한 이미지가 반기업적 · 친노조적으로 비칠 수도 있습니다. 그러나 자세히 들여다보면 사실은 조금 다릅니다. 민주노동당은 노동자, 농민, 서민을 기반으로 하고 있지만 양심적인 지식인, 중소기업인들까지도 망라하고 있습니다. 경제와 관련해서는 대기업, 특히 재벌체제에 대해서는 전문 대기업체제로 전환시켜야 한다고 보고, 이런 재벌에 의해서 구조

적으로 지배를 당하고 있는 중소기업이 제대로 설 수 있을 때에
만 우리나라 경제가 건강성을 회복할 수 있다고 주장하고 있습
니다. 그래서 사실은 중소기업에 대한 관심과 연구들을 굉장히
많이 하고 있습니다. 민주노동당이 반기업적이라고 보는 것은
잘못된 겁니다. 민주노동당의 본 모습이 제대로 알려지지 않아
안타깝습니다.

진보와 대화하기

# 그들만의 잔치 아펙

### 세계화, 개방화에 대하여...

**김외숙** 얼마 전에 아펙(APEC) 정상회담이 부산에서 개최가 되었는데, 아펙 반대 집회에 참석하신 모습을 TV를 통해 여러 차례 보았습니다. 대부분의 시민들은 아펙이 부산경제발전에 도움을 줄 것이라고 생각을 하는데, 잔치를 돕지는 못할망정 저렇게 재를 뿌리나 하고 생각하는 분들도 있는 것 같습니다.

**김석준** 물론 아펙이 부산시에서 말하듯 개항 이래 최대의 행사인 것은 사실이지만, 이 행사의 내용과 의미는 시민들에게 정확히 알려지지 않았습니다. 저희들은 그 정확한 실상이 무엇인가를 부산시민들이 알아야 한다고 생각했던 겁니다. 부산시나 정부에서는 일방적으로 아펙은 좋은 것이고, 잔치를 치르고 나면 부산의 경제가 활성화될 것이라고 홍보했지만 사실은 그렇지 않습니다. 그런데 시민들이 너무 일방적인 선전만 듣고 너무 많은 기대를 하고 있기 때문에 반대를 하되 어느 수준까지 어떻게 반대를 해야 될 것인가로 고민을 상당히 했습니다. 실제로 부담이 굉장히 많이 되더라도 원칙적으로 반대를 할 수밖에 없다고 판단했습니다. 그렇다고 해서 행사 자체를 못 열게 하거나 망치려고 했던 것은 아닙니다. 아펙의 내용이 무엇이고 부산경제에 어떠한 영향을 미치는가 하는 사실을 있는 그대로 정확하게 홍보하고자 했던 겁니다. 시민들의 기대와는 달리 아펙은 '그들만

21개 나라의 정상들이 모여서 15억짜리 저녁을 먹으면서
결정한 건 '시장개방 하라, WTO각료회의에서
도하개발아젠다(DDA)를 빨리 체결하라'는 것입니다.

의 잔치' 일 수밖에 없었기 때문에 분명한 반대를 하였던 겁니다.

**김외숙** '그들만의 잔치' 라는 부분에 대해 조금 더 자세히 말씀을 해주시지요. 부산시가 말하는 투자효과는 믿을 수 없다는 겁니까?

**김석준** 부산시에서는 아펙을 하게 되면 부산이 세계적인 도시로 브랜드 가치가 높아지고, 경제적 효과도 엄청난 것처럼 선전을 했습니다. 그런데 실제로 아펙을 통해 얻는 이익은 시의 자료에 따르면 4,500억 정도의 생산유발 효과와 6천 명 정도의 고용창출 효과가 있다는 것입니다. 4,500억의 생산유발 효과는 국비나 시비 2,700억을 투입하고 나오는 효과입니다. 심하게 이야기하자면 2,700억 원을 길에 묻었다 파내더라도 그만큼의 생산유발 효과가 나오는 것입니다. 6천 개 일자리라고 하는 것도 부산의 160만 개 일자리의 0.5%도 안 되는 것입니다. 이처럼 아펙 유치효과가 너무나 비과학적으로 과장되고 일방적으로 선전되었던 것입니다.

브랜드 가치가 높아진다고 하는 것도 아펙을 개최했던 다른 도시의 사례들을 볼 때 전혀 확인이 되지 않음에도 불구하고 일

진보와 대화하기

방적으로 선전을 했습니다. 21개 나라의 정상들이 모여서 15억 짜리 저녁을 먹으면서 결정한 건 '시장개방 하라, WTO각료회의에서 도하개발아젠다(DDA)*를 빨리 체결하라'는 것입니다. 도하개발아젠다를 체결하면 쌀을 비롯한 농수산물 시장을 개방해야 하고 의료, 교육, 각종 공공서비스를 모두 개방해야 합니다. 이것은 교육이나 의료, 에너지조차도 외국자본에게 팔아넘기라는 이야기입니다. 이렇게 되면 훨씬 더 비싼 물을 먹어야 되고, 훨씬 더 비싼 전기를 쓸 수밖에 없고 훨씬 비싼 쌀을 사먹을 수밖에 없게 됩니다.

저희는 세계시장에 아무런 준비 없이 노출되어 결국 시민들의 살림살이를 어렵게 만드는 아펙의 본질을 알리려고 했지만, 저희들의 주장이나 요구는 제대로 전달되지 않고 과격한 시위장면만 일방적으로 비쳐진 것에 대해 안타깝게 생각하고 있습니다.

* Doha Development Agenda. 지난 2001년 11월 14일 카타르의 수도 도하에서 개최된 제4차 세계무역기구(WTO) 각료회의에서 새로이 출범시킨 다자간무역협상으로서 뉴라운드의 공식명칭이다. DDA는 1995년 WTO체제 출범 이후 최초의 대규모 다자간 무역협상이며, 2002년부터 3년간 협상을 진행하여 2004년 12월까지 종료하기로 하였지만 합의에 이르지 못해 타결 시한을 넘겼다. 현재 2006년 말 타결을 목표로 진행되고 있지만 여전히 농업, 비농산물, 서비스, 무역규범 등 주요 협상분야에서 회원국들간에 입장 차이가 커 난항을 거듭하고 있다.

 국내의 자급기반이 붕괴되면 결국은
외국의 곡물 메이저나 초국적 곡물자본들의 시장 지배력이
강화될 것은 불 보듯 뻔합니다. 결국 그렇게 되면서
훨씬 비싼 값에 쌀을 사 먹을 수밖에 없습니다.

그럼에도 불구하고 다양한 방식을 통해서 아펙에 대해서 다른 목소리가 존재하고 있다는 것을 보여준 것은 큰 의미가 있었다고 생각합니다.

**김외숙**  그러면 신자유주의와 세계화가 전 세계적인 성장과 발전을 보장하면서 동시에 이를 통해 사회보장을 향상시키고 약자들을 보호한다는 주장에 대해서는 어떻게 생각하십니까?

**김석준**  전혀 검정되지 않은 논리 내지는 허구입니다. 그것은 자본주의가 발전할 때부터 자유무역을 통해서 모두가 윈윈(Win-Win)할 수 있다고 주장해 왔지만, 실제로 나타나는 것은 국가 간의 불평등의 확대, 그리고 한 사회 안에서도 자본을 가진 측과 그렇지 않은 측간의 불평등의 확대였다는 사실로도 확인됩니다. 아펙에서도 공동체의 번영을 추구한다고 주장하고 있지만 실제 지금까지 진행되어 온 과정을 보면 전혀 그렇지 않습니다. 애초에 출발할 때 중요한 약속중의 하나는 선진국과 후진국간의 격차를 줄이기 위해 기술이전을 한다는 것이 있었는데, 아펙이 진행되면서부터 이 부분은 거의 뒷전으로 밀리거나 상징적으로 언급될 뿐이었고 실제 역내 교역을 통해서 불평등을 축소하거나 번영을 공유하는 결과는 전혀 없었다고 봅니다. 이것은 선전문

진보와 대화하기

구에 불과하고 실제로는 시장조건에서 유리한 입장에 있는 사람들에게 더 많은 기회를 제공해 주었을 뿐입니다.

**김외숙** 특히 농산물이나 서비스 분야의 개방에서 민감한 것 같은데요. 이 분야의 개방이 서민들의 생활에 어떤 영향을 미치는 겁니까?

**김석준** 우리나라의 경험을 보면 해방이후에 미국 원조를 통해서 원면이 들어오고 밀가루가 들어오면서, 그 이후 국내의 면화나 밀 생산이 자취를 감추었고 전적으로 해외시장에 의존을 하게 되지 않습니까? 마찬가지로 생각하면 될 겁니다. 쌀 개방을 하게 되면 그나마 우리의 주곡시장인 쌀조차도 생산기반이 급격히 해체되고 그러면서 수입쌀에 의존할 수밖에 없게 됩니다. 지금 일부에서는 싼 값으로 식량문제를 해결할 수 있다고 말을 하고 있으나, 실제 국내의 자급기반이 붕괴되면 결국은 외국의 곡물 메이저나 초국적 곡물자본들의 시장 지배력이 강화될 것은 불 보듯 빤합니다. 결국 그렇게 되면서 훨씬 비싼 값에 쌀을 사먹을 수밖에 없습니다.

**김외숙** 그런 구체적인 사례들이 세계적으로 있는 건가요?

**김석준**  물론이지요. 온두라스에서 쌀 시장을 개방하고 난 이후 15년간의 결과를 보면, 생산기반이 완전히 와해되고 오로지 수입에만 의존을 하게 되었습니다. 소비자 입장에서도 쌀값이 내리는 것이 아니고 오히려 곡물 자본들의 농간에 의해서 더 비싼 쌀을 사 먹을 수밖에 없는 현실이지요. 이 일이 바로 미국 코밑에 있는 온두라스에서 확인된 겁니다. 이런 사례가 우리의 면화나 밀의 사례에서도 이미 확인되었습니다. 쌀 시장 개방은 국내 쌀 생산의 급격한 감소와 자급기반의 와해를 가져옵니다. 미국이나 중국 등의 외국쌀이 초기에는 저가로 시장에 나오겠지만 시장을 장악당하고 나면 일방적인 가격결정에 의해서 지금보다 훨씬 비싼 쌀을 사먹을 수밖에 없는 상황으로 내몰릴 것입니다.

**김외숙**  그런데 세계화, 개방화는 거역할 수 없는 국제 질서의 패러다임 아니겠습니까? 그런 마당에 경쟁력이 약한 농산물이나 서비스의 개방만을 계속 반대한다면 한국경제의 주력산업의 위축을 가져 올 것이 분명하고, 결국 한국 상품은 국제시장에서 퇴출될 수밖에 없지 않겠습니까?

**김석준**  그렇지만은 않습니다. 정부에서는 마치 우리가 쌀 시장 개방을 안 하면 우리가 만든 반도체라든지 이런 첨단 제품들

진보와 대화하기

## 세계화, 개방화는 거역할 수 없는 국제 질서의 패러다임 아니겠습니까?

의 수출 통로가 막힌다고 주장하면서 쌀 시장을 조금 열어주고 수출을 더 많이 하는 것이 합리적이라고 선전하고 있습니다. 저는 그런 접근 자체가 잘못되었다고 생각합니다. 쌀은 단순한 상품이라기보다는 말 그대로 식량주권화와 관련되는 민족의 생존이 걸린 문제입니다. 따라서 식량이나 문화와 같이 공공성이 많은 분야는 당연히 비교역 대상으로 두어야 합니다. 그래서 사고 팔고 마음대로 할 수 있는 것으로 볼 것이 아니라 국가나 민족의 존립을 위해서 보존되어야 할 가치나 보존되어야 할 품목으로 따로 보고자 하는 움직임이 많은 국가들에서 일어나고 있습니다.

지금 WTO체제가 만들어져 있지만 모든 것을 상품화하려는데 대한 반발이 크기 때문에 WTO체제가 잘 굴러가지 못하고 있는 것입니다. 그래서 결국 대안으로 FTA형태가 진행되고 있지만 어쨌든 쌀 개방을 하지 않으면 다른 것도 안 팔린다는 논리에 매몰될 것이 아니라 WTO체제에 대해서 반대하거나 또는 개선을 요구하는 흐름들이 있기 때문에 그런 흐름 속에서 쌀이나 공공서비스를 교역에서 제외하는 흐름들을 만들어 가면서 대응하는 것이 옳다고 생각을 합니다. 그리고 설사 개방을 한다 하더라도 지금처럼 준비 없는 개방을 하는 것은 곤란하다고 생각합니다. FTA* 체제를 하더라도 우선은 우리보다 관세율이 낮은

# * FTA (자유무역협정)

　　Free Trade Agreement. 영문 머리글자를 따서 FTA로 약칭한
다. 국가간의 상호 무역증진을 위해 물자나 서비스 이동을 자유화시
키는 협정으로, 나라와 나라 사이의 제반 무역장벽을 완화하거나 철
폐하여 무역자유화를 실현하기 위한 양국간 또는 지역 사이에 체결
하는 특혜무역협정이다. 그러나 자유무역협정은 그동안 대개 유럽연
합(EU)이나 북미자유무역협정(NAFTA) 등과 같이 인접국가나 일정한
지역을 중심으로 이루어졌기 때문에 흔히 지역무역협정(RTA :
Regional Trade Agreement)으로 부르기도 한다.

　　세계무역기구(WTO) 체제에서는 크게 두 가지 형태가 있는데, 하
나는 모든 회원국이 자국의 고유한 관세와 수출입제도를 완전히 철
폐하고 역내의 단일관세 및 수출입제도를 공동으로 유지해 가는 방
식으로, 유럽연합이 대표적인 예이다. 다른 하나는 회원국이 역내의
단일관세 및 수출입제도를 공동으로 유지하지 않고 자국의 고유관세
및 수출입제도를 그대로 유지하면서 무역장벽을 완화하거나 철폐하
는 방식으로, 북미자유무역협정이 대표적인 예이다.

　　FTA가 세계무역기구 체제와 다른 점은, WTO가 모든 회원국에게
최혜국 대우를 보장해 주는 다자주의를 원칙으로 하는 세계무역체제
인 반면, FTA는 양자주의 및 지역주의적인 특혜무역체제로, 회원국

에만 무관세나 낮은 관세를 적용한다. 시장이 크게 확대되어 비교우위에 있는 상품의 수출과 투자가 촉진되고, 동시에 무역전환 효과를 거둘 수 있다는 장점이 있으나, 협정대상국에 비해 경쟁력이 낮은 산업은 문을 닫아야 하는 상황이 발생할 수도 있다는 점이 단점으로 지적된다.

2002년 현재 WTO 회원국 가운데 거의 모든 국가가 1개 이상의 FTA를 체결하고 있으며, 2000년까지 WTO에 통보된 기체결 또는 협상 중인 FTA의 수는 240개, 실제 효력을 유지하고 있는 협정만도 148개에 달했다. 한국은 1998년 11월 대외경제조정위원회에서 FTA 체결을 추진하기로 하고 첫 대상국으로 칠레를 선정한 이래, 총 6차에 걸친 협상 끝에 2002년 10월 24일 농축산물 분야의 협상을 타결하였다.

2004년 2월 16일 국회 본회의 통과 후 2004년 4월 1일부터 FTA가 발효되었다. 싱가포르와는 2004년 1월 27일 제1차 협상 개최 후 2004년 11월 29일 한·싱가포르 정상회의시 FTA 협상 실질적 타결을 선언했다. 2005년 12월 1일 한·싱가포르 FTA 국회 비준안이 통과되었다.

국가와 대책 없이 FTA체결을 하게 되면 일방적인 시장해체로 갈 수밖에 없습니다. 그래서 가능하면 관세율이 비슷하거나 우리보다 관세율이 높은 나라와 점진적으로 개방하는 방향으로 추진 해 가야하고 또 분업관련 구조속에서도 수직적으로 편입되는 것이 아니라 수평적 분업을 할 수 있는 국가나 지역과 점진적으로 FTA를 추진해 나가야 된다고 생각합니다.

**김외숙** FTA체제를 무조건적으로 거부하는 것이 아니라 순서에 따라 전략적으로 하자는 말씀이신가요?

**김석준** 그렇지요. 쉬운 예를 통해 생각을 한 번 해봅시다. 우리가 목욕탕에서 뜨거운 물에 들어갈 때 그냥 뛰어들지는 않지 않습니까? 발부터 담가서 점차 몸을 담그는 것과 마찬가지로 개방화가 거역할 수 없는 추세라 하더라도 준비된 개방으로 가는 것이 옳은데 지금 정부에서는 미국과의 한미 FTA를 서두르고 있습니다. 저는 가장 마지막으로 자유무역협정을 체결해야 할 국가가 미국과 일본이라고 생각하는데 여기서부터 시작하는 것은 아무런 준비 없이 그냥 끓는 물에 뛰어드는 것과 같다고 생각합니다. 우리 경제구조를 변화시켜가면서 서서히 준비된 개방으로 가야하고 쌀이나 문화, 공공서비스 부분을 비교역 품목으로

진보와 대화하기

두자는 움직임과 연계해서 우리의 교섭력을 높여 가야한다고 생
각합니다.

**김외숙**  네, 잘 알겠습니다. 저는 교수님 말씀을 들어보니까
충분히 일리가 있는 주장인 것 같은데...시민들이 아펙이나 신자
유주의, 세계화에 대한 민주노동당의 입장에 대해 이해하지 못
하는 것은 무엇 때문일까요?

**김석준**  시민들이 이러한 문제에 대해 제대로 접근할 수 없었
던 것은 반대의 목소리에는 비중을 두지 않고 일방적으로 긍정
적인 부분만 홍보하기에 급급했던 시당국과 언론에 일차적인 문
제가 있는 것 같습니다. 저희들이 판단하기에 아펙이나 신자유
주의에 대한 시민들의 인식은 한쪽으로 전도되어 있습니다. 그
래서 저희들이라도 아펙과 신자유주의의 실상을 정확히 알릴 필
요가 있다고 생각한 겁니다. 아펙은 아시아 태평양의 공동체적
번영이 아닌 시장개방, 무역자유화를 추구하는 과정에서 잘사는
나라 또는 잘사는 사람에게 더 많은 기회를 제공해 주고 가난한
나라 가난한 사람에게는 경쟁의 논리를 통해서 빈곤과 불평등을
확산시킬 수밖에 없다는 것을 지적하였습니다. 뿐만 아니라,
2001년 9·11 테러 이후 미국이 아펙을 반테러를 위한 하나의

장으로 활용하기 시작함에 따라 아펙은 본래의 의도와는 달리
미국의 아프가니스탄, 이라크 침공을 지지하고 정당화하고 전쟁
을 확산시키는 역할을 할 뿐이라는 점도 지적하였습니다.

　사실 어떻게 생각하면 정부는 이런 반대 세력이 있다는 것을
협상에 유리하게 활용할 수도 있을 겁니다. 자국의 반대세력을
의식하지 않을 수 없다는 논리로 협상력을 높일 수 있는 무기로
활용할 수도 있습니다. 물론 세계 질서라는 것이 힘이 없으면 당
할 수밖에 없는 구조이긴 하지만 적어도 개개 실무 협상 테이블
에서는 자국 내 반대세력을 협상을 좀 더 유리하게 이끌 수 있는
하나의 카드로 활용할 수 있지요. 그렇기 때문에 반대세력이 존
재하는 것이 꼭 부정적인 것만은 아닙니다. 정부가 이런 반대 목
소리를 협상 카드로 활용할 수 있는 유연함이 있어야 하는데, 오
히려 반대의 목소리를 막기에만 급급했던 것 같습니다. 홍콩의
경우에도 한국의 농민시위대들이 천오백 명이나 갈 정도로 반대
의 목소리가 큰데도 불구하고 우리 협상대표는 농업을 포기한다
고 먼저 발표하는 꼴이었지 않습니까. 반대가 심해서 우리는 못
하겠다고 하면서 협상력을 높이면 되는데, 결국은 의지가 없기
때문에 목소리 막기에 급급한 듯합니다.

# 보수정치, 됐거든
### 민주노동당 정책에 대하여...

**김외숙** 민주노동당에 대해 몇 마디 들어 볼까요? 민주노동당은 민주노총을 주요한 기반으로 삼고 있는데, 민주노총의 이미지가 민주노동당에 오버랩되는 것이 도움이 된다고 보시는지요?

**김석준** 민주노동당 창당 과정에서 민주노총이 조직적 기반이 된 것은 사실입니다. 현재 당원 중에 40%가 민주노총 조합원이기도 하고요. 그래서 많은 사람들이 민주노동당은 민주노총당이라고 생각을 하는데 민주노동당은 노동자들만이 아니라 농민, 자영업자, 진보적 지식인, 여성, 청년학생을 아우르는 진보적인 대중정당을 지향하고 있습니다.

최근 민주노총이 도덕적인 해이와 비리 문제로 집중적인 비판을 받았습니다. 비정규직 노동자들로부터도 많은 비판을 받고 있고요. 민주노총이 비판을 받고 뼈를 깎는 반성을 해야 할 부분은 분명히 존재하고 있습니다. 그러나 단지 대기업 중심 정규직이 다수 조합원을 차지하고 있다고 해서 '귀족노조'로 매도하는 시각은 문제입니다. 우리나라 노동운동의 역사에서 민주노총이 했던 역할은 결코 부정할 수 없습니다. 민주노총이 없었다면 지금 우리가 당연하게 생각하는 노동3권조차도 제대로 확보하기 어려웠을 것입니다. 군사정권의 억압에 굴하지 않고 싸워 온 민

 우리 사회가 건강해지기 위해서는 진보정당이
반드시 필요하고 진보정당이 뿌리를 내리는데 제가 할 수 있는
역할이 있다면 성심껏 다하겠다는 생각입니다.

주노총이 있었기 때문에 노동이 자본과 어깨를 겨루는 시대가
열린 것입니다. 대기업과 중소기업, 정규직과 비정규직의 차이
가 갈수록 심화되고 있는데 이 문제는 민주노총이 해결할 수 있
는 것이 아니라 우리 사회의 제도적 틀을 바꿀 때에만 해결이 가
능한 것입니다.

**김외숙** 많은 국민은 민주노총이 반성하고 크게 바뀌어야 한다
고 생각을 하고 있는데요?

**김석준** 물론 민주노총도 혁신하고 거듭나야 할 이유는 충분히
있습니다. 상대적으로 극심한 차별을 받고 있는 미조직 노동자,
비정규직 노동자 등을 외면하면 앞으로 민주노총이 설 자리는
없습니다. 민주노동당 또한 이러한 부분에 보다 많은 노력을 기
울여야 합니다. 지난 울산 북구의 보궐선거에서 비정규직이 지
지하지 않아서 민주노동당이 낙선했다고 하지만 저는 민주노동
당이 비정규직 문제에 소홀하거나 무관심해서 그런 결과가 나왔
다고 생각하지는 않습니다. 열심히 했지만 10명의 의석으로는
잘못된 제도나 틀을 고칠 만한 힘이 없었기 때문에 비정규직 노
동자들의 전폭적인 지지를 이끌어 내지 못했던 겁니다. 비정규
직 문제의 해결을 위해서 민주노동당도 나름대로 최선을 다해서

진보와 대화하기

노력하고 있지만 현장에 있는 비정규직 노동자들의 피부에 와 닿는 실천을 못했던 것 같습니다.

**김외숙** 두 번에 걸쳐 낙선을 하신 것이 개인적으로는 능력이나 자질이 부족해서가 아니라 민주노동당의 간판 때문이라는 생각을 하는데, 이런 부분을 어떻게 극복해 나가시겠습니까?

**김석준** 물론 주변에서 당 때문이라는 이야기를 많이 합니다. 한나라당에 가면 당장 당선될 텐데 라는 분도 있고, 그게 안 되면 열린우리당으로라도 가라고 말씀하시는 분들도 계십니다. 그런데, 제가 자리가 탐나서 선거에 출마를 했다면 그런 고려를 해봤을 수도 있겠지만, 저는 그렇지 않습니다. 저는 우리 사회가 건강해지기 위해서는 진보정당이 반드시 필요하고 진보정당이 뿌리를 내리는데 제가 할 수 있는 역할이 있다면 성심껏 다하겠다는 생각입니다. 그렇기 때문에 당적을 옮길 생각은 한 번도 해본 적이 없습니다.

**김외숙** 현재의 민주노동당이 과거 진보정당인 민중당과의 관계는 어떻습니까? 당시 진보정당 추진 운동을 열성적으로 한 분들 상당수가 지금 한나라당에서 중심적인 역할을 하고 있는

2004년을 거치면서
민주노동당은 더 이상 거리의 정당이 아니라
아직 큰 힘은 없지만 원내 진입을 성공한 제3당입니다.


데…….

**김석준**　1991년 민중당이 출범할 때도 입당을 해야 된다는 요구가 많았습니다. 그런데 그때는 제가 민교협에서 가장 중요한 활동가 중의 한 사람이었기 때문에 저의 역할을 팽개치고 다른 일을 할 수가 없었습니다. 진보정당이 반드시 필요하고 또 진보정당을 만들거나 발전시키는 과정에 나름대로 진보적 지식인으로서 책임과 역할을 해야 한다고 그때도 생각하고 있었지만 그때의 민중당은 제가 생각하던 제대로 된 진보정당의 모습은 아니었습니다. 진보진영 전체의 고민과 지지의 결과로 만들어지는 진보정당이 아니라 일부 활동가들이 결의해서 만든 당이었기 때문이라는 뜻입니다. 그래서 저는 권유는 많이 받았지만 함께 참여하지 않았습니다. 당시의 주축 멤버들이 한나라당으로 간 것 또한 당시의 민중당이 명망가를 중심으로 하는 등 진보정당으로서의 한계를 분명히 가지고 있었기 때문이라고 봅니다. 진보정당은 명망가를 중심으로 하는 정당이 아닙니다.

1997년의 국민승리21 이후 본격적으로 추진된 민주노동당은 민주노총의 조직적 결의 위에서 만들어졌고 진보진영 전체의 지지를 받고 있었습니다. 저는 민주노동당의 전신인 국민승리21

　　　　　　　　　　　　　　　　　진보와 대화하기

때부터 참여를 했습니다. 진보정당에 참여한 이유는 정치활동에 뜻이 있어서가 아니라 이 땅에서 제대로 된 진보정당이 뿌리를 내려서 일하는 사람들이 정말 희망을 갖게 하는데 나름대로 역할을 해야 된다고 생각했기 때문이었습니다. 개인적인 득표능력이 뛰어난데 민주노동당 때문에 손해를 보지 않느냐고 말씀을 하셨는데, 오히려 민주노동당을 지지하는 고정표가 있기 때문에 선거에서 일정한 성과를 거두고 있는 것 같습니다.

**김외숙** 말씀하시는 것을 들어보니 체질적으로 한나라당이나 열린우리당 체질은 아닌 것 같습니다.

**김석준** 2002년에 시장으로 출마했을 때는 제 개인적인 이미지가 당의 지지를 끌어올리는데 일정한 기여를 한 부분도 있다고 생각합니다. 그런데 2004년을 거치면서 민주노동당은 더 이상 거리의 정당이 아니라 아직 큰 힘은 없지만 원내 진입을 성공한 제3당입니다. 지난 선거에서는 부산의 경우 당 지지도가 10.1%였고 시장 지지도가 16.8%로 제가 7% 가까이 높았는데, 과연 이번 선거에서도 그럴 수 있겠는가 하는 고민이 있습니다. 이미 당 지지도가 10% 내외로 안정화되어 있는 상황에서 당 지지도를 끌어올리는데 얼마만큼 기여 할 수 있을지 걱정되기도

 무상교육, 무상의료는 단순히 꿈같은
이야기가 아니라 정부가 의지를 가지고 추진하면
실현될 수 있는 사업입니다.

합니다.

**김외숙**　민주노동당에서 추구하는 가장 중요한 문제가 서민복
지의 실현입니다. 지금 국내 내수 경기가 부진한 이유도 결국 양
극화 문제이기도 하고 그게 서민복지 실현과 연결되는 문제이기
도 한데, 서민복지실현 문제는 민주노동당으로서도 가장 중요한
현안으로 꼽고 있는 아젠다로 볼 수 있습니다. 갈수록 심화되어
가는 양극화 문제와 서민복지실현 문제에 대해 어떤 식으로 접
근하시겠습니까?

**김석준**　양극화 해소나 복지실현의 문제는 사실은 중앙정부의
가장 중요한 과제라고 생각합니다. 그렇다고 지방정부가 손놓고
있어야 하는 것은 아닌데, 어쨌든 큰 틀에서 보면 국가전체의 경
제운영 시스템을 바꾸어 놓아야 양극화 문제를 해소할 수 있습
니다. 지금 끊임없이 비정규직을 양산하고 시장개방과 자유화를
추구하는 방식으로 가면 갈수록 양극화가 확산될 수밖에 없는
데, 이런 큰 틀에 대한 제어장치를 중앙정부 차원에서 만들 때
양극화 문제를 해소할 수 있을 것입니다. 그런 전제 위에서 지방
정부에서라도 먼저 선도해 나갈 필요는 있다고 생각합니다. 말
씀하신대로 민주노동당에서는 무상의료, 무상교육, 주택문제라

든지 국민기초생활 보장에 관한 약속들을 가장 적극적으로 제시하고 있습니다. 그러나 무상의료만 하더라도 당장 실시하자는 것이 아니라 단계적으로 실현하자는 것입니다. 의료 약자 층이 자기돈 따로 내지 않더라도 보호를 받을 수 있도록 해서 장기적으로 무상의료를 실현하자는 겁니다.

**김외숙**  민주노동당의 간판이라고 하면 뭐니뭐니해도 무상교육, 무상의료 아니겠습니까? 이에 대해 조금 더 자세히 말씀해 주십시오.

**김석준**  그렇습니다. 갈수록 빈부 격차가 확대되는 상황에서 무상교육, 무상의료는 서민들의 가장 간절한 소망입니다. 그런데 이 무상교육, 무상의료는 단순히 꿈같은 이야기가 아니라 정부가 의지를 가지고 추진하면 실현될 수 있는 사업입니다. 그래서 민주노동당은 지난 총선에서부터 이 문제를 본격적으로 제기했던 것입니다.

그러나 다 아시다시피 무상교육, 무상의료가 어느 날 갑자기 실현될 수 있는 일은 아닙니다. 민주노동당도 무상교육, 무상의료를 지금 당장 실현하자는 것이 아니라 충분한 준비를 거쳐서 단계적으로 추진해 나가자고 제안한 것입니다.

　우선 무상교육은 헌법에 명시된 '교육받을 권리'를 보장하고, 교육 불평등에 따른 사회 불평등을 해소하려는 것입니다. 구체적인 내용은 첫째, 유아에서 중등교육까지 수업료뿐만 아니라 급식·교재비 등 학교교육에 소요되는 제반 비용을 무상화하고, 둘째, 무상교육 단계를 유아, 초등, 중등교육까지 확대해 나가며, 셋째, 고등교육은 국공립에서 사립으로 순차적으로 무상교육 영역에 포함시켜 나가고, 넷째, 공적자금으로 운영하는 평생교육기관을 확충하고 교육비를 지원하는 것 등입니다.

　무상의료는 심각한 사회문제로 대두하고 있는 질병 치료비용으로 인한 가계 파탄과 생명 포기를 막고, 사회경제적 능력에 따라 보건의료 서비스 이용에 차별 없는 사회를 만들려는 것입니다. 무상의료는 구체적으로는 첫째, 모든 의료비에 대해 건강보험을 적용하고, 둘째 7세 미만 영유아, 70세 이상 노인, 장애인, 임산부 등 건강취약계층부터 의료의 공공성을 실현하고, 셋째 가난한 사람(기초생활수급자와 건강보험 차상위 계층) 등 사회적 약자부터 의료 공공성을 실현하고, 넷째 의료보험 상한제를 폐지하고 보험료에 누진제를 적용하는 것 등을 내용으로 하고 있습니다.

　**김외숙**　그러한 정책이 과연 현실성이 있겠느냐는 비판이 많은

　　　　　　　　　　　　　　　　　　　진보와 대화하기

그러한 정책이 과연 현실성이 있겠느냐는
비판이 많은데…….

데…….

**김석준** 그렇습니다. 한 번도 이런 정책이 가능하다는 생각을 하지 못하도록 강요되어 왔기 때문에, 무상교육, 무상의료를 주장하면 색깔이 이상하거나 비현실적인 이상론으로만 치부해 왔습니다.

물론 저희들도 한꺼번에 모든 것을 다 실현할 수 있다고는 생각하지 않습니다. 저희들도 노무현 정부가 좋아하는 소위 '로드맵'을 준비하고 있습니다. 시간 관계상 자세하게 설명하기는 어렵습니다만, 무상교육 1단계 5개년 계획 기간 동안 고등학교 무상화 8,107억 원, 초·중·고교 무상급식 5,415억 원, 초·중·고교 학용품비 306억 원, 장애인 교육 1,715억 원, 교원 증원 7,206억 원, 보육·유아교육 2조 원 합계 4조 2,749억 원의 예산이 소요될 것으로 봅니다.

무상의료의 경우에도 1단계(2005~2007년)에서는 건강보험 비급여의 급여화, 급여율 30%(본인부담 상한제 작동), 의료급여 대상자의 본인부담 폐지, 건강보험 하위 10%의 본인부담 폐지, 7세 미만 아동 및 임산부의 본인부담 폐지, 예방접종 국가지원 등을 내용으로 하고 있는데, 이에 소요되는 재정은 4조 5,866억

무상교육, 무상의료는 기본적으로 중앙정부의 과제입니다.
그러나 중앙정부에서 추진하기 전에 지방정부라도
먼저 모범을 만들어 나갈 필요가 있습니다.

원 정도로 추정됩니다. 2단계(2008~2010년)에서는 건강보험 급여항목의 동일 급여율 적용, 건강보험 하위 30% 본인부담 폐지, 70세 이상 본인부담 폐지, 장애인 본인부담 폐지 및 포괄적 재활급여 제공, 본인부담 상한선 인하 및 소득구간별 차등 적용을 내용으로 하는데, 이에 소요되는 재정은 3조 4,280억 원 정도로 추정됩니다.

이처럼 민주노동당이 주장하는 무상교육, 무상의료는 소요 재정까지를 감안한 구체적인 실행 계획인 셈입니다. 이에 소요되는 재정은 부유세 도입 등 조세개혁을 통해 충분히 조달 가능하다고 생각합니다.

**김외숙** 그러한 문제들은 중앙정부가 해야 할 일 아닐까요?

**김석준** 그렇습니다. 무상교육, 무상의료는 기본적으로 중앙정부의 과제입니다. 그러나 중앙정부에서 추진하기 전에 지방정부라도 먼저 모범을 만들어 나갈 필요가 있습니다. 예를 들자면 무상의료와 관련해서 12살 이하의 아동들에 대한 본인부담을 완전히 없애도록 해서 적어도 아이 키우는 가정에서 병원비 걱정 안 해도 되는 이런 제도라도 부산에서 먼저 실시할 수 있을 것입니다. 노령화가 급속하게 진행되고 출산율이 줄어서 문제가 되

진보와 대화하기

고 있는데 병원비 걱정 안하고 애 키울 수 있다면 젊은 부부들이 부산 와서 애 키우려고 하지 않겠습니까? 그러면 젊은 사람들이 부산으로 오게 되고 일자리를 스스로 만드는 새로운 조건을 만들 수 있을 것이라고 생각합니다.

실제로 이런 정책이 가능한지 면밀하게 예산까지 짜고 있는데 충분히 가능할 것으로 보고 있습니다. 특별히 법을 새로 만들어야 하는 것이 아니고 시장이 결심하고 시 조례로 결정하면 되기 때문에 현실성이 있는 방안이라고 생각합니다. 김근태 전장관의 경우에도 12살까지 입원비 삭감안을 제시했었는데, 저희는 입원비 수준이 아니라 12살까지 병원비 안 내고 시에서 책임지도록 하겠습니다. 계산해 보니까 현재 예산을 가지고도 충분히 할 수 있습니다. 부산에서 이러한 정책을 먼저 펼치면 중앙정부도 자연스럽게 따라오게 될 것입니다.

**김외숙** 그렇다면, 문제의 핵심은 예산이겠네요. 방금 말씀하신 것, 현실화할 수 있겠습니까?

**김석준** 제한된 예산으로 살림을 어떻게 살 것인가 하는 문제인데, 가용예산이 많으면 최고 8,000억 정도까지 되고 순전히 예산범위 안에서 보면 6,000억 정도로 볼 수 있는데, 그중에서

생활 속 진보주의자

3,600억 정도가 길 닦는데 들어가고 있습니다. 교통문제가 심각하긴 하지만, 개발예산을 적절히 조절하면 12살 이하 아이들의 무상의료를 실현하는 것이 충분히 가능하다고 생각합니다. 더군다나 교통문제는 열심히 길을 닦아서 해결될 문제가 아닙니다. 수요관리를 하거나 운용시스템을 획기적으로 개선하면서 적은 돈을 가지고 해결할 방법을 찾아야 됩니다. 저는 중앙정부가 책임져야 될 부분이더라도 지방정부에서 모범적으로 또는 실험적으로 먼저 실천해 나가는 모습을 보여 주어야 한다고 생각합니다.

**김외숙** 신선하고 재미있는 발상 같습니다. 그래도 여전히 많은 사람들이 우리나라는 아직은 '복지'보다 '성장'이 더 필요하다고 주장하고 있는데요…….

**김석준** 그렇습니다. 아직까지 많은 사람들이 '파이를 더 키워야 나눠 먹을 것이 있다'는 논리로 복지보다는 성장 우선론을 주장하고 있습니다. 그러나 서구의 경험으로 비추어 보면 우리보다 소득 수준이 훨씬 낮을 때부터, 예컨대 국민소득이 7천 불 수준일 때 벌써 각종 사회복지제도들이 거의 완비되기 시작했습니다. 달리 말하자면 이런 복지제도의 확충이 서구의 경제성장의

진보와 대화하기

동력으로 작용했던 것이지요.

우리나라의 경우 최근에는 수출부문과 내수부문, 대기업과 중소기업, 첨단산업과 전통산업간의 불균형이 극심해지고 있습니다. 그 결과 수출이 잘 되어 경제지표상으로는 잘 나가고 있어도 일반 국민들의 살림살이는 더욱 쪼들리는 현상이 구조화되고 있습니다. 이것은 부가 한쪽으로만 집중되고 이 집중된 부가 국내보다는 국외로 빠져 나가기 때문입니다.

결국 성장이 안 되는 것이 문제가 아니라, 분배가 제대로 이루어지지 않아 소비를 진작시키지 못하는 것이 문제입니다. 이를 해결하자면 복지제도의 확충을 통해 소득재분배 효과를 확대해 나가야 합니다. 이제는 우리 사회도 성장을 위해서는 복지의 확충이 필요한 상태로 들어간 것입니다. 그럼에도 불구하고 여전히 복지보다는 성장이 시급하다는 논리에 빠져 있기 때문에 경제를 살려 내지 못하고 있는 것입니다.

**김외숙** 지난 번 대통령 선거에서 권영길 의원이 주장해서 파문을 일으킨 '부유세'도 같은 맥락입니까?

**김석준** 그렇습니다. 부유세는 복지국가로 가기 위한 첫걸음입니다. 그리고 부유세는 실효성 있는 자산 평가를 통해 재벌들

 우리나라에서는 부자가 사회적으로 별로 존경받지 못합니다. 대부분의 경우 부를 축적하는 과정이나 방법이 정당하지 못했기 때문에, 부자인 것을 드러내기를 꺼려하기도 합니다.

의 변칙 증여를 방지하고, 부동산 및 금융거래의 투명성을 재고하여 탈세와 부정비리를 근절시킬 수 있기 때문에 왜곡된 조세 체계를 바로잡는 가장 현실적인 대안입니다.

민주노동당은 부유세 실현을 위한 3단계 전략을 마련해 놓고 있습니다. 1단계에서는 주식양도차익에 대한 과세, 금융종합소득 과세, 차명거래 금지 등을 통하여 금융소득에 대한 조세 인프라를 강화하는 한편, 부동산 실거래가 과세를 통해 부동산 소득에 대한 조세 인프라를 강화하고 간이과세 제도를 폐지하여 자영자 소득에 대한 조세 인프라도 강화합니다. 2단계에서는 비상장 주식 및 채권양도차익에 대해서도 과세를 하고 조세개혁특위를 신설하여 조세 관리를 체계화합니다. 그리고 3단계에서 부유세를 도입하는 것입니다. 이를 위해서 민주노동당은 조세기반 구축을 위한 6대 과제와 10개 법안을 입법 발의하였습니다.

**김외숙** '부유세'는 반자본주의적이라는 비판에 대해서는 어떻게 생각하시는지요?

**김석준** 부유세는 결코 반자본주의법이 아닙니다. 실제로 프랑스나 스웨덴, 노르웨이, 핀란드, 스위스 등 자본주의가 고도로 발전한 나라에서도 부유세가 실시되고 있습니다. 그런 의미에서

진보와 대화하기

저는 부유세는 반자본주의법이 아니라 자본주의를 제대로 굴러 가게 만드는 법이라고 생각합니다.

실제로 우리나라에서는 부자가 사회적으로 별로 존경받지 못 합니다. 대부분의 경우 부를 축적하는 과정이나 방법이 정당하 지 못했기 때문에, 부자인 것을 드러내기를 꺼려하기도 합니다. 그런데 부유세가 도입되어서 소득이나 재산에 대해서 공명하고 투명한 과세가 이루어지면 부자들도 숨기거나 움츠릴 필요가 없 어진다고 생각합니다. 역설적으로 부유세는 우리 사회에서도 부 자가 존경받을 수 있는 풍토를 만드는데 기여할 것으로 생각합 니다.

그리고 민주노동당에서 제시한 부유세 적용대상인 시가 30억 이상의 재산을 가진 사람들은 전체 국민 중에서 0.1%도 안 됩니 다. 그리고 이들에게 부과한 부유세는 약 11조 원 정도로 추정됩 니다. 이는 국민총생산의 약 1.5% 정도입니다. 그런데 가장 자본 주의적인 나라인 미국에서 부자들이 자발적으로 기부하는 금액 이 전체 국민총생산의 2% 정도에 달한다고 합니다. 결국 우리나 라에서는 기부문화가 제대로 정착되어 있지 않아서 자발적인 방 식이 아니라 부유세를 통해 재분배를 위한 재원을 부자들로부터 거두어들인다고 생각하면 되지 않을까요?

**김외숙** 그런 민주노동당의 정책들이 유럽이나 다른 나라들의 좌파 정당의 정책들과 비교하면 어떻습니까? 대단히 급진적인가요?

**김석준** 좌파 정당들도 나라마다 차이가 있기 때문에 일률적으로 이야기하기는 힘들 것 같습니다. 다소 거칠게 일반화하자면 민주노동당 강령 등에서 표방하고 있는 원칙과 방향은 유럽의 사민주의 정당들보다 다소 급진적인 내용도 포함되어 있다고 생각합니다. 그러나 현재 민주노동당이 제안하는 무상교육, 무상의료, 부유세 등의 정책들은 이미 서유럽 대부분의 국가들에서 실시하고 있는 것들입니다. 그렇게 본다면 강령은 다소 급진적인 부분이 있지만, 민주노동당이 추구하는 정책은 사민주의적이거나 사민주의보다 더 개량적인 부분이 많다고 생각합니다. 이것은 민주노동당이 가지고 있는 현실적 역량의 한계와도 관련되는 것입니다.

그럼에도 불구하고 민주노동당의 정책을 급진적으로 보는 것은 우리 사회가 그만큼 한쪽으로 치우쳐 있기 때문이라고 생각합니다.

**김외숙** 민주노동당의 중산층에 대한 정책부분을 소개해 주십

진보와 대화하기

개발과 보존은 영원한 평행선일 수도 있는데,
이것이 공존 가능하다고 보십니까?

시오.

**김석준** 전에는 각종 사회조사에서 70%가 자신이 중산층이라고 답했는데, 지금은 중산층이라고 답하는 사람이 급격하게 줄어들어 그보다 훨씬 적은 상황입니다. 민주노동당은 의원이 한 명도 없는 상황에서도 '상가임대차보호법'*을 제정하도록 해서 서민들이 마음 놓고 장사할 수 있도록 하는 정책들을 일찍부터 추진해 왔습니다. 그리고 무상교육이나, 무상의료 등 실질적으로 중산층과 서민이 혜택을 받을 수 있는 정책들을 꾸준하게 개발하고 입법화하기 위한 노력들을 하고 있습니다.

**김외숙** 다른 화제로 한번 돌려 볼까요? 개발과 보존은 영원한 평행선일 수도 있는데, 이것이 공존 가능하다고 보십니까? 또 개발을 하더라도 환경친화적인 개발이 가능하다고 보십니까?

* 주택임대차보호법이 전·월세 임차인의 권리를 보호하는 것과 마찬가지로 상가 임차인을 적극적으로 보호하기 위한 법안이다. 상가 임차인이 사업자등록을 마치면 확정일자를 받고 대항력을 행사할 수 있으며, 소액 임차인의 경우에는 '보증금 우선 변제권'을 보장받게 된다. 또 특별한 계약 해지 사유가 없는 한 최장 5년 동안 계약갱신이 가능하며, 그동안 법률적으로 인정되지 않았던 권리금도 보호받을 수 있게 된다.

**김석준** 요즘 유행하는 말이 지속가능한 개발, 환경친화적 개발이지요. 사실, 냉정하게 얘기하면 그것은 불가능하다고 생각합니다. 환경과 개발은 양립하기 불가능하고 단지 절충할 수 있을 뿐입니다. 생태주의적 관점에서 보면 상당히 불만스러울지 모르지만, 한 도시를 책임지는 시장이 되려고 하는 사람이 생태나 환경만 중요하다고 한다면 저는 시장으로서 부적절하다고 생각합니다. 어차피 3,4백만의 인구가 모여서 생활을 하고 살아나가기 위해서는 불가피하게 개발을 해야 하는 측면도 있고 환경을 일정하게 파괴하는 부분도 있을 수밖에 없다고 생각합니다. 문제는 어떤 적정한 범위, 또는 근본적인 생태적 위기나 파괴를 자초하지 않을 수 있는 합리적인, 또는 최소한의 개발을 지향해야 한다는 것입니다.

**김외숙** 새만금의 예를 보면, 민주노동당이 그것을 반대함으로써 전북 농민들로부터 심한 공격과 비판을 받았습니다. 못사는 농민들을 위해 개발을 하는 것이 환경보존보다 더 중요한 것 아닙니까?

**김석준** 물론 민주노동당은 농민의 뜻을 대변하는 정당이고, 농민들이 더 잘 살게 하도록 해야 하는 정당입니다. 그런데 이

진보와 대화하기

# * 지속가능한 개발

지속가능한 개발(Sustainable Developmet)이라는 개념은 1987년 세계환경개발위원회(WCED)가 발표한 브룬트란트 보고서(The Brundtland Report)의 '우리 공동의 미래'에서 처음 제시됐다. 이 보고서에서 지속가능한 개발은 현세대의 개발욕구를 충족시키면서도 미래세대의 개발능력을 저해하지 않는 '환경 친화적 개발'을 의미한다. 사회 전 분야에서 각종 개발에 앞서 환경 친화성을 먼저 평가해 정책에 반영함으로써 미래세대가 제대로 보존된 환경 속에서 적절한 개발을 할 수 있도록 하자는 것이다.

1992년 6월 브라질에서 열린 리우회담(유엔환경개발회의 UNCED)에서 행동강령으로 '의제(Agenda)21'이 채택되었다.

'의제 21'에서의 지속가능한 개발은 우리 인류의 활동을 수용하는 대자연의 수용능력에 한계가 있으므로 우리의 모든 활동은 이 수용능력의 범위 안에서 이루어지도록 통제되어야 한다는 것을 핵심으로 한다. 자본을 대규모로 동원한 무절제한 개발이나 자원공급은 자연환경의 수용능력을 범하기 때문에 지속가능개발의 이념에 위배된다.

요컨대 지속가능개발의 이념은 자연자원의 공급보다는 자연자원에 대한 수요의 철저한 관리를 요구하는 이념이다. 선진국 등 해외 133개국에는 국가지속가능개발위원회(NCSD)가 구성돼 각종 정책을 조절하고 있으며, 우리나라에서도 2000년 9월 대통령자문기구로 '지속가능발전위원회'가 창립되었다.

성적 소수자들의 경우에도 장애우와
마찬가지로 사회적 약자이기 때문에 사회적으로
배려하고 보호해야 합니다.

경우는 조금 다릅니다. 서해안의 수많은 간척사업의 예를 한번
보십시오. 간척해서 농민들이 그 개발의 이익을 얻은 경우는 없
습니다. 모든 이익은 외지에서 온 개발업자나 큰 손으로 돌아갔
습니다. 새만금의 경우도 마찬가지입니다. 따라서 해당 지역의
농민이 잘 살 수 있도록 하기 위해서는 지금과 같은 방식의 간척
개발은 일단 중단해야 합니다. 물론 지금까지 투자해 놓은 비용
도 있고 하니, 이 상태를 그대로 유지하여 환경오염도 막고 독특
한 관광자원으로도 활용하는 식의 여러 가지 방안을 모색해야
할 겁니다. 저는 환경을 위해 모든 개발을 포기해야 한다고 하는
극단적 주장에 대해서는 동의하지 않습니다.

　　**김외숙**　진보정당을 규정짓는 여러 부분에서 가장 중요한 소수
자에 대해 한 말씀 해 주십시오. 소수자 문제에 있어 스스로 얼
마나 진보적이라고 생각하시는지?

　　**김석준**　소수자는 상대적으로 약자이기 때문에 사회로부터 보
호를 받아야 합니다. 성적 소수자들의 경우에도 장애우와 마찬
가지로 사회적 약자이기 때문에 사회적으로 배려하고 보호해야
합니다. 개인적으로 성적 소수자 문제에 대해서 깊이 고민을 해
보지는 못해서 앞으로 좀 더 관심을 가져야 할 부분이라고 생각

을 하고요. 장애우의 권익 향상을 위해 나름대로 노력을 하기도 했지만 머리로만이 아니라 가슴으로도 열려 있느냐고 할 때 제 스스로 봐도 모자라는 부분이 적지 않은 것 같습니다.

**김외숙**  지금까지 인생을 살아오면서 크게 감동을 받았던 경험이 있다면?

**김석준**  글쎄요. 여러 가지 경험을 들 수 있겠지만, 문득 백두산과 천지, 만주벌판 등이 떠오르네요. 4년 전에 지방선거 끝나고 6월 말에 백두산 트래킹을 갔었습니다. 마침 서해 교전이 벌어졌는데 저희는 백두산 아래 여관에서 뉴스를 보고 깜짝 놀라기도 했습니다. 백두산에는 16개의 봉우리가 있는데 반은 북한 쪽에 있고 반은 중국 쪽에 있습니다. 중국 쪽에 있는 봉우리는 그때 다 밟아 봤어요. 이제 남은 것은 북한 쪽의 봉우리들밖에 없는데 넘어갈 수는 없고...그때가 6월 말이었지만 백두산은 완연한 봄이었습니다. 야생화들이 융단처럼 펼쳐져 있는 백두산에서 산 아래를 내려다보던 감동이 잊혀지지 않습니다. 더욱 좋았던 것은 3일을 산에 있었는데 3일 내내 백두산 천지를 볼 수 있었습니다. 우리를 안내했던 가이드가 50번 가까이 백두산을 올랐지만 이처럼 깨끗한 천지를 본 것은 처음이라더군요. 우리는

천지에서 장대한 일출까지 감상할 수 있었습니다.

**김외숙**  한국사회에서 백두산 이야기가 나오면 그냥 산을 보고 감동을 받은 것으로 해석을 하지 않고 통일과 연관시켜서 이야기를 많이 하지요? 가장 감동받은 경험이 백두산 등정이라고 하시니 드리는 말인데, 민주노동당에 있어서는 통일이 가장 중요한 과제라고 생각하십니까?

**김석준**  그 문제는 간단하게 답할 문제는 아닙니다. 저는 통일은 우리 민족이 추구해야 될 중요한 목표라고 생각은 하지만 통일 그 자체가 목표일 수는 없다고 생각합니다. 통일 이후에 만들 사회가 지금보다 더 좋은 사회여야 통일이 추구될 가치가 있는 것이고, 더 좋은 사회를 만들기 위한 과정으로서 통일이 필요하다는 생각입니다. 제가 대학 다닐 때 장준하 선생께서 '모든 통일은 선이다'라고 말씀하셨습니다. 그때는 통일을 이야기하는 것 자체만으로도 감옥을 갈 수 있는 상황이었기 때문에 '모든 통일은 선이다'라는 명제가 정말 중요한 실천적 좌표가 될 수 있었습니다. 그런데 지금은 남북교류도 활발해지고 상황도 많이 변했기 때문에 표현이 좀 바뀌어야 한다고 생각합니다.

진보와 대화하기

한국사회에서 백두산 이야기가 나오면
그냥 산을 보고 감동을 받은 것으로 해석을 하지 않고
통일과 연관시켜서 이야기를 많이 하지요?

**김외숙** 어떻게 바뀌어야 할까요?

**김석준** '제대로 준비된 통일이 선이다' 라고 바뀌어야 된다고
생각합니다. 준비되지 않은 통일은 오히려 굉장한 고통이나 또
새로운 문제의 출발일 수 있기 때문입니다. 그렇다고 일부에서
이야기하는 연방제 시스템이 통일의 완성된 형태라고 보지도 않
습니다. 완전한 통일이 되려면 일국가 일체제로 가야 합니다. 물
론 더 나은 어떤 체제로 가는 과정에서 연방제를 거쳐 가는 경로
는 있을 수 있겠지요.

**김외숙** 국민들이 1국가 1체제를 용납할 것이라고 생각하시는
지?

**김석준** 어떤 상황에서도 통일이 하루아침에 이루어질 것이라
고 생각하지는 않습니다. 준비된 통일로 가기 위해서는 민주노
동당이 대안세력으로 자리를 잡고 더 나아가서는 집권세력이 되
어야만 제대로 된 통일이 가능하다고 생각합니다. 국민들이 받
아들이기 이전에 우리 내부에서 제대로 된 통일을 이루어 낼 수
있는 역량이 준비되어야 합니다.

**김외숙**  1국가 1체제의 통일이 되면 북한주민들이 2등 국민 취급을 받는 등 부작용도 있지 않을까요? 차라리 1국가 2체제로 가면서 교류를 활성화하여 서로가 적응해 나가는 것이 옳지 않을까요?

**김석준**  그걸 과연 통일이라고 할 수 있을까요? 지금 중국이나 일본도 자유롭게 드나들고 교류도 활발한데 1국가 2체제 그 정도를 통일이라고 할 수는 없지 않습니까? 지금 국민들이 우려하는 것은 독일에서도 나타났듯이 경제력의 차이 때문에 일등국민 이등국민으로 나눠져서 한 체제 내에서도 대립이 심화되는 현상일 겁니다. 그렇다고 하더라도 따로따로 잘살아 보자는 것은 분단이라는 표현을 안 쓸 뿐 제대로 된 통일이라고 볼 수는 없습니다. 그런 점에서 연방제 그 자체가 목표가 될 수는 없다고 봅니다. 그래서 체제적인 통합이 필요하고 그것까지도 이루어 낼 수 있는 세력으로서 진보정치세력의 성장과 집권이 더욱 필요하다는 것입니다. 남한도 전라도와 경상도와 충청도로 갈라져 싸우고 있지만 진보정당만이 지역감정을 뛰어넘을 수 있지 않습니까? 진보정당만이 남북의 체제를 통합하는 진정한 통일을 이루어 낼 수 있다고 생각합니다.

진보와 대화하기

세계적으로 좌파정권이 집권을 한다는 것은
매우 어렵습니다.

**김외숙**  세계적으로 좌파정권이 집권을 한다는 것은 매우 어렵습니다. 브라질에서는 룰라의 좌파정권이 집권에 성공을 했는데, 룰라가 옳은 길을 가고 있다고 보시는지요?

**김석준**  제가 보기에는 그의 선택이 만족스러울 정도의 옳은 길은 아니지만 브라질을 압박하고 있는 미국이나 초국적 자본들과의 관계를 하루아침에 끊을 수는 없는 조건임을 고려할 때는 충분히 이해할 수는 있습니다. 그런 상황에서 더디지만 그 나름대로 변화의 방향을 가고 있다고 생각합니다. 타협하는 부분도 없지는 않지만 포위된 속에서 고뇌에 찬 실험을 하고 있다고 봐주고 싶습니다.

**김외숙**  민주노동당이 집권해도 보수적인 체제에 고립되어 제대로 권력을 행사할 수 없는 것은 아닌가요?

**김석준**  쉽지는 않겠지만 그렇다고 불가능하다고 생각하지는 않습니다. 민주노동당이 집권을 하기까지는 오랜 시간이 걸리겠지만 국민들의 선택에 의해서 집권을 하게 된다면, 그것은 광범위한 국민들의 지지와 변화를 전제로 하기 때문에 무리 없이 권력을 행사할 수 있다고 생각합니다. 물론 보수 세력들의 많은 저

 건전한 논리와 그 위에서 이루어지는 토론을
바탕으로 정치가 이루어져야 하는데,

항에 부딪히겠지만 국민들이 지지하는 권력은 국민들이 지켜낼
것이라고 생각합니다.

**김외숙** 민주노동당처럼 소수로 출발했지만 집권에 성공한 훌
륭한 모델이 있다면요?

**김석준** 유럽에도 좌파정권이 많지만 우리와는 성장해 온 환경
이 다르고 남미의 좌파정권도 집권 경로가 우리나라의 현실과는
다른 것 같습니다. 굳이 예를 들자면 브라질 정도라고 생각하는
데요. 브라질 경우에도 토대가 우리와 바로 등치시키기는 어렵
지만 그래도 가장 유사한 경우가 될 수 있을 것 같습니다. PT당
의 성장과정과 노동운동의 경험 등 우리가 눈여겨 볼 사례가 많
다고 생각합니다. 그래서 '현재의 룰라를 비판하는 것도 중요하
지만 룰라가 왜 그런 선택을 할 수밖에 없었는가?' 하는 고민도
함께 해야 할 것이라고 생각합니다.

**김외숙** 지금 박근혜 대표가 사학법 개정 문제로 매일 추운데
서 고생을 하고 있습니다. 제가 볼 때는 이미지 메이킹이라는 생
각이 들던데요. 어떻습니까?

**김석준** 한나라당 내부의 문제 때문에 그렇다는 생각을 많은 국민들이 하고 있을 겁니다. 한나라당은 사학법이 전교조가 학교를 장악하려 한다거나 국가 정체성과 관련한 문제라고 주장하는데 ... 이에 동조하는 국민들은 많지 않을 겁니다. 건전한 논리와 그 위에서 이루어지는 토론을 바탕으로 정치가 이루어져야 하는데, 한나라당과 박근혜 대표의 정치는 그렇지가 못 한 것 같습니다. 너무 이미지에만 몰두하고 있는 것 같다는 지적에 동감입니다.

**김외숙** 박근혜 대표 이야기가 나와서 말인데요, 김교수님 이미지는 카리스마가 부족하다고 느껴지는데 어떻게 생각하십니까? 개인적으로 보강하고자 하시는지요?

**김석준** 카리스마가 있으면 득표에 도움이 되는지는 모르겠지만, 지금 시대에 리더에게 필요한 여러 가지 덕목이 있다면 카리스마가 아니라 사물을 제대로 판단할 수 있는 능력과 합리적 의사결정을 할 수 있는 능력이라고 생각합니다. 다양한 네트워크 속에서 다양한 의견들을 수렴하면서 잘 판단하고 합리적으로 결정하는 것이 더 중요한 덕목이지 않을까요? 개인적으로도 인상 쓰면서 '나를 따르라' 는 것은 체질에 안 맞는 것 같습니다. 별로

큰 키도 아니고…….

**김외숙** 대부분의 사람들은 정치인에게 카리스마를 원하는데... 정치라는 것이 과연 합리성만 가지고 가능할까요? 대중들이 원하는 것을 채워 주지 못 하기 때문에 지지를 받지 못 하는 것은 아닌지요?

**김석준** 글쎄요. 우리사회에서 노동자들이 60% 가까이 되는데 노동자들이 각성해서 민주노동당을 찍으면 금방 집권을 할수 있습니다. 그러나 노동자들이나 민초들이 자신들의 계급적이익이나 정치적인 지향을 제대로 인식하거나 깨닫지 못하게 하는 여러 가지 장치가 있습니다. 정치학에서 이야기하는 이데올로기적인 지배기구들이 그런 역할을 하고 있지요. 특히 우리 같은 경우에는 한국전쟁을 경험하면서 레드 콤플렉스가 뿌리 깊게깔려 있습니다. 지역감정도 그 가운데 하나고요. 민주노동당이적극적인 지지를 받지 못하는 이유는 주장이 틀려서가 아닐 겁니다. 아직 실력이 없기 때문에 찍어도 안 될 것이라는 생각으로투표장에서 기표를 망설이는 것입니다. 이러한 현상에 대해서조급하게 생각하지 않습니다. 변화는 순식간에 이루어지는 것이아니기 때문입니다. 민주노동당이 작지만 소중한 승리의 경험들

진보와 대화하기

대부분의 사람들은 정치인에게 카리스마를 원하는데...
정치라는 것이 과연 합리성만 가지고 가능할까요?

을 자꾸 축적해 나가면 될 겁니다. 그 과정에서 서서히 이루어질 것이라고 생각합니다. 맡겨 놓으니까 잘하더라, 10명이 100명보다 낫네, 시장 시켜 놓으니까 뭔가 다르긴 다르네. 이런 평가들이 축적되면, 커다란 변화를 이룰 수 있기 때문에 많은 시간이 필요할 것이라고 생각하는 것입니다. 국민들을 감동적으로 휘어잡는 카리스마도 필요하겠지만 중요한 건 작지만 희망을 보여주는 것이라고 생각합니다.

# 나의 아이디는 우공이산(愚公移山)

### 인간 김석준에 대하여...

**김외숙**  개인적인 부분 몇 가지 들어 보고 싶습니다. 문화생활은 어떻게 하고 계신지요?

**김석준**  정말 가장 취약한 부분인데요. 개인적으로 운동을 좋아하기 때문에 운동을 많이 하는 편입니다. 공 가지고 노는 것은 웬만한 건 다 하고요. 마라톤도 가끔씩 합니다.

**김외숙**  공 가지고 한다면 골프도 하시나요?

**김석준**  골프 칠 형편은 못 되고요. 예전부터 축구, 야구 안 가리고 다 했고 테니스도 좋아하는데  요즘은 잘 못하고 있습니다. 아침에 달리기 하는 정도인데, 음악은 크게 취미가 없고 틈나면 그림 보러 갑니다.

**김외숙**  그림 보는 것을 좋아하시는군요. 직접 그리기도 하십니까?

**김석준**  제가 어릴 때 그림 공부를 좀 했습니다. 중학교 2학년 때까지 미술부를 했는데 그때 미술대회하면 주로 송도를 갔었지요. 거북섬에 구름다리가 걸려 있었는데 대충 그려놓고 배타고

진보와 대화하기

놀아도 상을 하나씩 받고는 했습니다. 2학년 때 본격적으로 유화를 배우게 되었는데 그때 저희 중학교 미술선생님께서 '임마, 그림 공부 좀 더 열심히 해라, 그러면 부산고에 특기생으로 넣어줄께, 게으름 피우지 말고 열심히 해.' 하셨는데 어느 날 제 성적표를 우연히 보시고는 그림보다 공부를 하는 것이 낫겠다고 하십니다. 그 이후 그림 공부를 그만두게 되었습니다. 그때 그림 공부를 그만둔 것이 늘 아쉬움으로 남아서 그림 공부를 다시 해 보고 싶다는 소망을 가지고 있습니다.

**김외숙**  누군가가 김교수님을 캐리커처로 그린다면, 특징적으로 무엇을 부각을 시키고 싶으세요?

**김석준**  어릴 때는 뻐드렁니가 굉장히 눈에 띄어서 그걸 가리려고 하는 콤플렉스가 있었는데, 요즘은 별로 도드라져 보이지는 않네요. 날이 갈수록 이마가 넓어지고 있다는 생각이 들기는 합니다만⋯⋯.

**김외숙**  제가 나이가 많지는 않지만 나이가 들어 갈수록 보수화된다는 생각이 들더라고요. 스스로 '내가 참 보수적이구나' 라는 생각이 들 때는 없으십니까?

**김석준**  어제는 한 학생에게 항의전화를 받았는데, '왜 A를 줬느냐, A+를 안주고' 이럽디다. 그 말을 듣는 순간 머리에 쥐가 날 지경이었습니다. 연구실로 따지러 오겠다고 합디다. 그래서 제가 충분히 알고 있으니 안 와도 된다고 말을 했습니다. 마침 그 과의 다른 학생이 또 성적 이의 신청을 하러 왔기에 '내가 사실은 자네 과의 아무개한테 이런 전화를 받았는데, 왜 A+가 아니라 A를 줬는지 자네에게 설명을 해 줄 테니 자네가 가서 좀 전해주게' 이렇게 했습니다.

요사이는 성적 때문에 억울하다고 찾아오는 학생들이 많습니다. 그런걸 보면서 요즈음 학생들이 대학사회에서 강제하고 있는 경쟁의 논리 속에서 살아남기 위해 얼마나 힘겹게 생활하는지 실감하지만 막상 성적을 따지러 오면 굉장히 기분이 나빠지기도 해요. 이런 부분을 보면서 제가 보수적이구나 하고 생각하기도 합니다. 전에는 안 그랬는데…….

**김외숙**  인터뷰를 할 때 주로 나오는 질문이 '어떤 사람을 좋아하고 존경합니까?' 그런 거지요. 그런데 저는 다른 방식으로 하나 여쭙겠습니다. 어떤 사람을 가장 싫어하십니까?

진보와 대화하기

**김석준** 사람들과 그리 벽 쌓고 지내거나 특별히 어떤 사람을 싫어한다거나 하지는 않습니다. 그래도 가장 싫어하는 인간을 들라면 저는 '뒤통수치는 인간'을 가장 싫다고 하겠습니다. 정정당당하게 사는 사람은 저와 세계관이 다를지라도 싫어하지 않습니다.

**김외숙** 본인의 성격을 스스로가 표현을 한다면?

**김석준** 합리적이라고 할 수 있을까요? 어머님은 제가 장손이고 해서 굉장히 기대를 많이 하셨습니다. 그래서 어려움 속에서도 자식 잘 키우려고 무던히 애를 쓰셨는데, 5학년 때 위인전 50권짜리를 사서 하루에 한 권씩 읽고 독후감을 쓰라고 하셨습니다. 못 쓰면 맞고 그랬지요. 그 때 50명의 위인을 읽었던 게 자라면서 도움이 많이 되었던 것 같습니다. 위인에 따라갈 바는 아니지만 적어도 합리적인 사고를 할 수 있도록 하는 데는 큰 도움이 되었던 것 같습니다.

**김외숙** 좌우명이 있으십니까?

**김석준** '총관세찰(總觀細察)'. 전체를 보면서도 작은 것도 놓

 진보정당이 가야 할 길은
우공이 산을 옮기듯 힘들고 먼 길이지만 언젠가는
이루어진다는 믿음을 갖자는 뜻이지요.


치지 않고 보라는 말입니다. 그런데 요즘 제 아이디로 쓰고 있는
'우공이산(愚公移山)'도 되새김질할 만한 말인 것 같습니다. 진
보정당이 가야 할 길은 우공이 산을 옮기듯 힘들고 먼 길이지만
언젠가는 이루어진다는 믿음을 갖자는 뜻이지요.

진보와 대화하기

인터뷰 **송성준** (방송기자. SBS 보도본부 부산지국)
2006년 1월 3일 김석준 교수 연구실에서 인터뷰하다.

2부

# 부산박사 김석준

시빌 미니멈은 도시에 사는 사람 누구라도 최소한 인간답게 살 수 있는 삶의 조건을 확보하는 것을 말합니다. 거대한 이벤트나 기념 비적인 건물을 만드는 데 치중할 것이 아니라, 부산에 사는 사람이 라면 누구라도 인간으로서 누려야 할 최소한의 권리를 보장받을 수 있는 시정을 펼쳐야 합니다. 이것은 두드러지게 표시가 나지는 않지만, 장기적으로 볼 때 부산이 정말 사람이 살 만하고 활기 넘 치게 하는 기초 조건이 됩니다.

 정말 시민들과 함께 고락을 같이 하면서
헌신하고 봉사할 수 있는 자세가 중요하다고
생각합니다.

**송성준**  며칠 전에 같은 민주노동당에 속해 있는 노회찬 의원의 TV인터뷰를 본 적이 있습니다. 거기에서 사회자가 노의원에게 하느님이 뭐든지 할 수 있는 능력 하나를 주겠다면 뭘 하고 싶냐고 합디다. 그랬더니 노회찬 의원은 휴전선을 없애고 싶다고 하던데...어떻습니까? 김교수님은 무엇을 하고 싶으십니까?

**김석준**  우선 부산 시장이 되고 싶네요. 물론 다른 것도 참 많습니다만, 제가 부산에 대해 오랫동안 연구해 왔고 또 다양한 실천을 해 왔다는 점에서 누구보다 잘 할 수 있다는 뜻입니다.

**송성준**  김석준 교수님께서는 부산 시장에 출마하신 적이 있습니다. 처음 예상했던 것보다는 상당한 득표를 올려 진보주의자들에게 큰 희망을 심어 주셨던 것으로 평가합니다. 부산시장이 가져야 할 자질은 어떤 것이라고 생각하십니까?

**김석준**  우선은 시민들을 위해서 사심 없이 봉사하고 헌신할 수 있는 자세가 필요하다고 생각합니다. 누구나 말로는 다 헌신하고 봉사한다고 하지만 시민을 대상화시키거나 시민 위에 군림하는 모습들을 많이 봐 왔기 때문에 정말 시민들과 함께 고락을 같이 하면서 헌신하고 봉사할 수 있는 자세가 중요하다고 생각

진보와 대화하기

합니다.

특히 21세기는 국가 차원이든 도시 차원이든 급격한 변화와 심각한 경쟁구조 속에 던져질 수밖에 없기 때문에 이런 급속한 변화를 따라잡고, 더 나아가 이런 변화에 대한 전망을 명확히 하고, 또 거기에 기초한 정확한 판단력을 갖춘 시장이라야 360만 부산 시민들에 대한 삶을 책임질 수 있지 않을까 생각합니다.

**송성준**    360만 명의 거대도시 부산인데요. 부산은 경제시장이 굉장히 중요한 의미를 가진다고 생각합니다. 그동안 문정수, 안상영, 허남식 시장처럼 한나라당 시장들이 시정운영을 해 왔는데요. 어떤 점이 아쉬웠는지 평가를 부탁드립니다.

**김석준**    조금씩 차이는 있지만 전반적으로 보자면 세 분 모두가 개발중심의 시정을 펴 왔다고 생각합니다. 그러니까, 경제성장을 한다, 도시를 확장한다, 하는 식의 다양한 약속을 하는 과정에서 개발 일변도의 시정을 펴 왔다는 것과 지나치게 전시행정, 보여주기, 업적과시형 시정을 펼쳐 오지 않았나 생각합니다. 그렇기 때문에 역대 시장들의 시정은 이벤트 중심으로 흘러가고 말았습니다. 부산의 경우 1960년대, 1970년대에는 서울과 어깨를 겨룰 정도로 우리나라 경제성장의 견인차 역할을 했었는데,

1980년대부터 정체되기 시작해서 1990년대 이후에는 도시의 쇠퇴가 진행되었습니다. 이런 상황에서 개발논리와 전시행정으로 개인적인 업적으로 내세울 것은 많이 만들었는지 모르지만, 도시전체의 구조와 체질을 개선하거나 강화시키지는 못했습니다.

중요한 것은 보여주기, 또는 대형 이벤트 중심의 시정이 아니라 도시전체의 체질을 개선하고 강화하는, 당장의 가시적인 효과는 잘 드러나지 않더라도 장기적인 발전을 위한 기본 토대를 제대로 닦아 가는, 이런 시정으로 전환해야 한다고 생각합니다.

**송성준**  그러면 시정 변화의 내용성에 대해서 좀 더 구체적으로 말씀해 주시겠습니까?

**김석준**  지난번에도 그런 주장을 했었는데, 한마디로 압축하자면 시빌 미니멈(civil minimum) 즉, 시민으로서의 삶의 최소 충족 요건을 확보해야 한다는 것입니다. 내셔널 미니멈(national minimum)이 국민적인 삶의 최소 기준을 충족하는 것이라고 한다면, 시빌 미니멈은 도시에 사는 사람 누구라도 최소한 인간답게 살 수 있는 삶의 조건을 확보하는 것을 말합니다. 거대한 이벤트나 기념비적인 건물을 만드는 데 치중할 것이 아니라, 부산에 사는 사람이라면 누구라도 인간으로서 누려야 할

진보와 대화하기

최소한의 권리를 보장받을 수 있는 시정을 펼쳐야 합니다. 이것은 두드러지게 표시가 나지는 않지만, 장기적으로 볼 때 부산이 정말 사람이 살 만하고 활기 넘치게 하는 기초 조건이 됩니다. 좀 더 집약시키자면 복지와 환경 그리고 혁신, 이런 과정을 통해서 부산시민 모두가 품위 있는 삶을 살아갈 수 있는 조건을 확보하는 것이 새로운 시정의 틀이 되어야 한다고 생각합니다.

**송성준** 네, 그러면 지금부터 교수님의 시정관에 관해서 간단하게 검증을 해 볼 기회를 가지겠습니다. 부산이라는 도시가 가지는 강점과 약점이 있다면 어떤 부분이 있는지 세 가지 정도씩 예를 들어 주시겠습니까?

**김석준** 우선, 누구나 인정하듯이 부산은 한국에서뿐만 아니라 세계적으로도 아주 양호한 항만을 가지고 있습니다. 이것은 부산이 자랑할 수 있는 최고의 강점이라고 생각합니다. 두 번째로 서울보다는 좀 못하지만, 다른 도시에 비해서 우수한 인적자원을 많이 배출하고 확보할 수 있다는 것이 중요한 강점이라고 생각합니다. 현재 부산에는 14개의 4년제 대학과 열 개가 넘는 전문대학에서 연간 약 4만 명에 가까운 인적자원들이 배출되고 있습니다. 세 번째로는 자연적인 조건이 부산처럼 살기 좋은 곳

이 별로 없다고 생각합니다. 아시다시피 겨울에 따뜻하고 여름에 시원하고, 또 아름다운 산, 강, 바다, 온천까지 천혜의 해택을 받은 자연을 갖고 있다는 것이 부산의 강점입니다.

그런데 이런 강점들이 오히려 약점으로 전환되어 온 사례가 많습니다. 예를 들어 지형적으로 보면, 산이 많다보니 용지난 같은 심각한 문제가 생깁니다. 그래서 난개발을 부추기기도 했고, 공장 용지가 부족해서 역외유출을 시키기도 했습니다. 또한 배산임해가 되어서 다른 어떤 지역보다도 원활한 교통망을 확보하기 어렵습니다. 앞으로 갈수록 물류가 중요해지기 마련인데, 이런 점에서 부산은 구조적인 취약점이 있습니다. 또 한 가지는 1970~1980년대를 거쳐 오면서 산업구조의 변화에 적극적으로 대응하지 못해서, 전체적으로 산업기반이 취약해지고, 경제적인 조건 자체가 침체될 수밖에 없는 부분이 약점이라고 생각합니다.

진보와 대화하기

# 살림살이 나아지셨습니까?

### 부산의 산업 경제에 대하여...

**송성준**　정리를 참 잘해 주셨는데요, 지역신문의 설문조사 결과 부산 시민의 57% 가량이 지역경제 활성화를 최우선적인 과제로 꼽았습니다. 민주노동당에서는 지역경제를 활성화시키기 위해 무엇에 주안점을 두고 있습니까?

**김석준**　참 쉽지 않은데요, 저는 지역경제 활성화를 위한 특별한 비책이나 왕도가 따로 있다고 생각하지는 않습니다. 일부에서는 성장 주력 산업을 키우기만 하면 당장 경제가 활성화될 것처럼 말하는데, 반드시 그렇지는 않습니다. 부산과 같은 360만이 넘는 대도시의 경우에 어떤 한 가지 처방이나 또는 특정 부문에서의 성과가 지역경제의 활성화를 가져온다고 보기는 어렵습니다.

다시 말하면 부산이 갖고 있는 모든 부분을 총체적으로 재활성화시켜 낼 때에만 부산이 제대로 굴러가는 도시가 될 수 있다고 생각합니다. 그렇기 때문에 부산지역 전반의 재활성화를 위한 프로그램이 나와야 되고, 이것을 끌고 가기 위한 기업이나 일하는 사람들의 변화에 대한 기대와 확신을 심어 주는 프로그램이 필요합니다. 대체로 지금까지 정부나 부산시에서 제시한 처방은 기반 자체가 워낙 열악하고 침체되어 있기 때문에, 이것을

중소기업을 말 그대로 강소기업으로 전환하는
획기적인 프로그램을 찾아 낼 때에만
지역 전체의 활성화가 가능할 것이라고 생각합니다.

활성화시키기 위해서 외국자본을 유치하거나 대기업을 유치한
다든지, 외적인 요인들에 기대어 활성화를 시도하는 것이었습니
다. 이러한 방법은 그다지 효율적이지는 않다고 생각합니다. 아
까 말씀드렸듯이 내부적인 혁신에 기초한 내발적 발전 모델을
찾아야 한다고 생각합니다. 특히 부산의 경우에는 99.7%가 중소
기업입니다. 중소기업을 말 그대로 강소기업으로 전환하는 획기
적인 프로그램을 찾아 낼 때에만 지역 전체의 활성화가 가능할
것이라고 생각합니다.

**송성준**　그런데 중소기업 중에서도 조선, 기계 등의 산업처럼
경쟁력을 가진 부문도 있지만 경쟁력이 없는 부분도 있지 않습
니까? 그럴 경우에 선택과 집중은 필요하지 않습니까?

**김석준**　물론 제한된 자원을 활용하기 위해서는 선택과 집중
이 필요합니다. 그러나 아까 말씀드렸듯이 '부산시 10대 전략산
업'*에만 집중적으로 지원한다고 해서 경제의 틀을 바꾸기에는
부산의 경제 규모가 굉장히 큽니다. 그리고 보시면 알겠습니다

---

* 핵심전략 및 지역전략산업으로 나뉜다. 항만물류, 기계부품소재, 관광컨벤션, 영상 ·
아이티 등 네 부문이 핵심전략산업에 들어 있다. 또 지역전략산업으로 선물금융, 해양바이
오, 실버, 신발, 수산 · 가공, 섬유 · 패션 등 여섯 부문이 포함돼 있다.

　　　　　　　　　　　　　　　　　진보와 대화하기

만, 갈수록 서비스 산업화가 진행되어서 제조업이 차지하는 비중은 30% 정도밖에 되지 않습니다. 서비스 부문 안에서도 생산자 서비스업과 같은 부문에 대한 특별한 지원을 하는 등, 이런 부문과 함께 가야 성장산업에도 긍정적인 파급효과를 미칠 수 있습니다. 일부 우수한 부문을 먼저 키우고자 하는 것은 대개의 경우 그 부문만의 과잉성장으로 끝나 버릴 염려가 있기 때문에, 정말 도시 구조 전체를 새롭게 바꾸기 위한 총체적인 프로그램들을 만들어 가야 된다고 생각합니다.

**송성준**  좀 구체적으로 말씀해 주시겠습니까?

**김석준**  구체적으로 말씀을 드리자면, 유럽의 경우 사민당 정부나 지방정부들은 RDA(Regional Development Agency)라고 해서 지역개발청 같은 기구를 통해서 지역과 경제구조 자체를 리모델링해 가는 제도를 채택하고 있습니다. 저희들도 그런 모델들을 적극적으로 수용할 필요가 있다고 생각합니다. 그런데 솔직히 말하면 지금까지 부산시에서도 이런 것들을 시도해 오기는 했습니다. 혁신위원회도 그런 모델에서 빌려 온 것이지만, 문제는 흉내 내는 데에 그쳤다는 점입니다. 그래서 보여주기식, 또는 회의를 위한 회의, 산업현장과 직접 연결되지 않는 전문가들

끼리의 세미나에 그쳐 버린 한계가 있습니다.

**송성준**　그럼 어떻게 해야 할까요?

**김석준**　현장에서 일하는 노동자들과 지역의 시민들도 함께 참여해서 지역경제의 새 틀을 어떻게 짜 나갈 것인지에 대한 폭넓은 토론과 합의를 이끌어 내고, 이것을 지방정부가 책임 있게 집행하는 새로운 시스템을 만들어 가야 한다고 생각합니다.

**송성준**　제대로 뿌리를 내리지는 않았지만 참여정부에 들어와서 지역혁신사업을 중시하고 또 적극 수용하고 있습니다. 그런데 실제 어떤 현장에서 지역혁신 위원들이 기존의 전문가 중심으로 구성되어 있습니다. 실질적인 변화를 보장해 내기 위한 시스템으로 내부적인 인적구성요소는 어떤 식으로 변화되어야 할까요?

**김석준**　참여정부 이후 혁신위원회가 조직되어 나름대로 활동하고 있는데, 제가 보기에는 무늬만 혁신이라고 생각합니다. 다시 얘기하면, 생산 현장과 실제적으로 연결되지 않은 채 전문가 집단, 관변단체, 경제계라 하더라도 일부 몇몇만을 중심으로 모

112　　　　　　　　　　　　　　　　　　　　　　　진보와 대화하기

제대로 뿌리를 내리지는 않았지만
참여정부에 들어와서 지역혁신사업을 중시하고
또 적극 수용하고 있습니다.

였기 때문에, 현장의 고충이나 문제를 실질적으로 해결하는 형태로 진행되지 못하고, 그냥 회의 중심, 세미나 중심, 보여주기 발표식으로 끝났다고 생각하고 있습니다.

**송성준**　어떤 점에서 그렇게 생각하십니까?

**김석준**　예를 들어서 10대 전략산업만 하더라도 부산산업클러스터 산학관협의회에서 최근에 아주 거창하게 호텔에서 부산 10대 전략산업 발전토론회를 개최하고 근사한 보고서도 냈습니다. 그러나 실제 중소기업들은 그런 것이 있는지도 모르고, 있어봤자 나하고는 아무런 관계가 없고, 도움도 되지 않는다고 생각하고 있습니다. 이 산학관협의회에는 부산지역 10개 공과대학의 저명한 교수들이 다 모여 있지만, 이들이 경제 현장과는 연결이 되어 있지 않습니다.

**송성준**　그렇다면 대안은 있습니까?

**김석준**　저는 부산경제 활성화 방안을 연구하고 실행하는 '경제 살리기 위원회(가칭)'를 만들 생각입니다. 이 경제 살리기 위원회는 명망가 중심이 아니라, 지금 중소기업에서 가장 절실하

 그러한 것들은 연구실에서 나오기도 하지만 현장에서 나오기도 합니다.

게 필요로 하는 문제들을 해결해 줄 수 있는 사람들로 구성하겠습니다. 자리를 잡지 못하고 있는 박사급 연구자들을 시에서 잘 선발해서, 현장에서 필요로 하는 기술, 지식을 생산해 내고 공급하도록 할 것입니다. 그리고 현장에서 직접 생산을 담당하는 노동자들의 참여도 권장할 것입니다. 이처럼 현장의 요구와 전문가들의 지식과 기술이 적절하게 결합될 때에만 제대로 된 혁신을 이루어 낼 수 있습니다. 지금 참여정부가 추진하는 혁신사업은 혁신을 하자고 하면서도 가장 중요한, 일하는 사람들은 완전히 배제시키고 있습니다.

**송성준** 결국 인재의 적절한 활용에 문제가 있다는 말씀이신가요?

**김석준** 그렇습니다. 전적으로 그 문제만 지적하는 것은 아닙니다만, 적어도 그것 하나 제대로 하지 못하고 있다는 점을 지적하는 겁니다. 혁신위원회나 '경제 살리기 위원회'의 중요한 축으로 일하는 사람들이 참여해야 합니다. 실제로 생산 현장에서의 혁신도 노동자들이 일하는 과정에서 직접 부딪히면서 고안해 낸 새로운 기술이나 방법이 생산에 투영되는 것이 가장 바람직합니다. 그러한 것들은 연구실에서 나오기도 하지만 현장에서 나오

진보와 대화하기

기도 합니다. 이런 양자가 결합하는 시스템이 될 때 진정한 혁신이 가능하다고 보는 겁니다. 지금은 그런 새로운 모델과 시스템이 절실한 때입니다.

**송성준**　내발적 발전을 위해서는 현장 전문가 중심의 인적 네트워킹을 강화시켜야 된다는 것을 말씀하셨습니다. 최근에 부산시에서 의욕적으로 발표한 것이 부산발전의 2020비전과 전략인데요?

**김석준**　1차 발표 때 참석을 해서 들어 보았습니다. 다 좋기는 한데 실현 가능성이 별로 없어 보인다는 지적이 많았습니다. 이번에 발표한 것은 좀 더 다듬고 보완하기는 했지만, 이전과 마찬가지로 가장 좋아 보이고 그럴듯한 발전상은 다 모아둔 것 같습니다. 문제는 거기에도 나와 있습니다만 필요한 예산이 자그마치 61조입니다. 그런데 부산시 예산은 5조를 조금 넘는 수준입니다. 가용 예산도 많이 잡으면 8천억, 적게 잡으면 5~6천억밖에 되지 않는데, 이를 그쪽에 모두 다 쏟아 부어도 계획을 실현할 수 없습니다. 아주 이상적으로 생각되는, 가장 바람직한 이런 모델을 나열하는 것보다는, 지금 당장 우리에게 무엇이 가장 시급하고, 그 문제를 해결하기 위해서 어떤 자원이나 노력이 필요한

가에 대한 구체적인 고민들이 필요합니다. 2020전략 같은 것은 생각해 볼 수 있는 밑그림 정도에 불과한데 이것을 계속 보여 준다는 것은 당면하고 있는 어려운 현실을 외면하거나 회피하는 것이 아닌가 생각합니다..

**송성준** 재원 조달의 문제점 외에 기본적인 패러다임상의 문제는 없습니까?

**김석준** 이 전략에 따르면 마치 도시 자체가 주인공인 것 같습니다. 도시 그 자체가 주인이자 주체이고 그 안에 살고 있는 시민들은 완전히 빠져 있습니다. 여러 가지 구체적인 전략이나 프로그램들이 나와 있는데, 그런 전략이나 프로그램들이 누구를 위해서 또는 누구와 함께 구상되고 실현되는지, 그 결과가 누구에게 어떻게 돌아갈 것인지에 대한 고민이 전혀 없습니다. 그러니까 마치 도시를 탁상에 올려놓고, 가장 근사한 모양으로 설계를 해서 모조품을 만들어 놓고, 참 잘 만들었다고 자화자찬하는 셈입니다. 다시 말하면 그 속에 누가 살고 있고, 이런 변화 과정에서 누가 어떻게 일터에서 밀려나거나, 개발이라는 이름 하에서 지금 살고 있는 곳에서 밀려나게 되는지, 이 계획이 추진될 때 개발의 이익은 누구에게 돌아가는지에 대한 고민이 전혀 없

진보와 대화하기

습니다. 시민은 완전히 빠져 있는, 도시의 주인인 시민들은 완전히 대상화된 청사진만 그럴듯하게 제시되고 있습니다. 그런 관점은 매우 위험한 접근법이라고 생각합니다.

**송성준**　지나치게 도시 공학적인 접근법이고 인간의 체험이 느껴지지 않는다는 것이죠? 지금 2020계획의 가장 핵심적인 내용은 21세기 동북아 시대의 해양수도의 개념인데요. 이러한 해양수도의 개념에 대해서는 어떻게 생각하십니까?

**김석준**　해양수도라는 말은 누가 보더라도 아주 호감이 가는, 좋아 보이는 개념이라고 생각합니다. 해양수도라는 개념을 누가 착안했는지 알고 있는데, 어쨌든 좋은 발상입니다. 우리 부산이 지향해야 할 도시의 미래상 중의 하나가 해양물류를 중심으로 동북아의 중심항만으로 발전하는 것이라고 할 때, 그것을 상징하는 의미로서는 충분히 유용하고 필요한 개념이라고 생각합니다. 하지만 일부 한나라당 국회의원들이 추진하고 있는 해양수도 특별법 같은 형태로 진행하는 것은 상당히 문제가 많다고 생각합니다.

**송성준**　문제라면 어떤 문제를 말씀하시는지요?

혜택을 받게 되는 일부를 제외한
대다수의 시민들에게
발전은 그림의 떡일 뿐입니다.

**김석준** 현재 추진되고 있는 해양수도 특별법을 살펴보면 실제 제주도 특별법과 다른 바가 없습니다. 해양수도라는 것을 내세워서 부산 전체를 외국자본이 자유롭게 드나들고 투자할 수 있는 도시로 개방하겠다는 것입니다. 그것은 결국 시민들의 살림살이를 외국자본 앞에 무방비 상태로 노출시키는 것, 그래서 외국자본 또는 연계되어 있는 국내 재벌 자본에게 도시의 모든 부분들을 그들의 필요에 따라서 인위적으로 개발하거나 이윤추구의 대상으로 만들 수 있는 과잉 특혜들을 부여하는 것입니다. 해양수도 개념은 의미 있는 개념이지만 이것을 특별법이라는 형태로 연결시켜 몰아가는 것은 성장연합의 요구를 일방적으로 관철시키는 일일 뿐입니다. 개발자본, 외국자본, 그들과 연계되어 있는 지역의 언론이나 각종 단체들, 이런 것들을 통상 성장연합이라고 하는데, 특별법은 이들의 이해관계나 요구들을 대변할 뿐이라고 생각합니다. 그래서 문제가 있다는 것입니다.

**송성준** 재원 조달상의 문제에 있어서 총 61조가 들어가는데 부산의 1년 예산이 5조 정도이고, 그 중에서 가용예산이 7~8천억 정도라고 하셨습니다. 그러면 나머지 부분을 제3섹터, 민간자본이나 외국자본을 유치해서 해결하고, 국비에서 최대한 지원을 얻을 수 있는 작업들을 해야 하는데, 외자 유치나 제3섹터 등의

진보와 대화하기

문제는 실제로 시민들에게 또 다른 부담을 줄 수 있는 여지가 있다는 것이죠? 예를 들면, 부산에 있는 터널 등 유료 도로의 비중이 전국에서 가장 높은 것이 시민들의 부담을 증가시킨다는 것인데 재원조달의 문제점을 구체적으로 말씀해 주십시오.

**김석준**   정확한 기억인지는 모르겠는데 2020 발전 전략에 소요되는 재원 61조에서 국비는 31조로 되어 있고, 시비가 7조, 23조 정도가 민자유치로 되어 있는데, 민자유치의 대부분은 외국 자본이나 또는 재벌자본을 끌어들이겠다는 것입니다. 길을 닦거나 터널을 놓거나 거대한 매립을 통해서 신도시를 건설한다고 할 때, 이러한 과정에서 투자된 민간자본의 수익성을 보장하면 새로운 도시가 만들어지더라도 그 과정에서 실질적인 혜택은 투자한 자본들에게만 돌아갑니다. 그리고 새로 만들어진 도시 공간 속에 입주할 수 있는 소수의 능력 있는, 또는 선택받은 사람들에게 더 많은 기회가 주어질 수밖에 없습니다. 대부분의 시민들은 여기서 배제된 상태에서 민자로 투자된 돈을 갚기 위한 볼모가 될 수밖에 없습니다. 아까 말씀드린 대로 그림은 잘 그려 놓았으나, 이 그림이 누구를 위한 그림인지가 불투명합니다. 초국적 자본이나 이와 연계된 재벌 등, 그 혜택을 받게 되는 일부를 제외한 대다수의 시민들에게 발전은 그림의 떡일 뿐입니다.

그런 점에서 이런 개발 전략은 그림은 그럴듯할지 모르지만, 원천적으로 재검토되어야 합니다.

**송성준**  여기서 한 가지 의문이 듭니다. 이런 외국자본이라든지 재벌그룹의 자본이 유치되지 않는다면 이 계획 자체는 그야말로 그림의 떡이 될 수밖에 없는데요. 지금 교수님께서는 부산경제 활성화 방안에 있어서 내부 효율성의 문제를 꺼내셨습니다. 과연 그것만으로 지금 침체되어 있는 부산경제를 살릴 수 있을까요?

**김석준**  저는 시간이 좀 더 걸리더라도 이렇게 가는 것이 바로 건강한 방법이라고 생각합니다. 지금 2020 발전 전략에서 나온 방법처럼 현실적으로 자원을 다 동원할 수 있다고 하더라도 그 결과는 도시를 급하게 변화시키면서 지금 현재 도시에 살고 있는 시민들의 삶의 조건이나 생활양식과는 어울리지 않는 외래의 별종을 들여오는 셈입니다. 그 결과 도시는 그들만의 도시가 됩니다. 지금 부산에 살고 있는 360만 시민들이 자기 체질과 실력을 개선해 나가면서 경쟁력도 높여 가고, 스스로 좋은 조건을 만들어 가는 것이 중요합니다. 이럴 때에만 지속 가능한 건강한 도시가 됩니다. 롯데월드 등을 지으면서 이식된 도시는 시민을 위

진보와 대화하기

## 중소기업의 활성화를 위해선 어떤 지원이나 대책이 필요할까요?

한 도시는 아니라고 봅니다. 도시를 보는 시각 자체도 바꿔야 합니다. 그들을 위한 도시가 아니라 지금 여기에 살고 있는, 우리를 위한 도시를 어떻게 만들어 갈 것인가 생각해 보았을 때, 신기루 같은 건물들을 높이 지어 올리고, 새로운 다양한 캐릭터를 조성하는 것이 정답은 아닙니다.

**송성준**　내부적인 시스템 개선의 문제 가운데 하나는 부산경제를 담당하고 있는 99.7%가 중소기업이라고 하셨는데요. 중소기업의 활성화를 위해선 어떤 지원이나 대책이 필요할까요?

**김석준**　매정하게 들릴지는 모르겠지만, 노동자들에 대한 저임금이나 열악한 노동조건을 강제하지 않으면 지속하기 어려울 정도로 경쟁력 없는 중소기업은 도태되는 것이 옳다고 생각합니다. 경쟁력 없는 중소기업들은 점진적으로 정리를 해 나가면서, 그 과정에서 일자리를 잃은 노동자들은 시에서 직업훈련을 통해서 재취업 기회를 보장하고, 새로운 일자리를 만들어 주면서, 중소기업 전체의 경쟁력을 높여 가야 합니다. 중소기업의 경쟁력을 높여 가는 방법은 크게 두 가지라고 생각합니다. 하나는 기술혁신이고, 또 하나는 인력의 질을 높이는 것입니다. 그래서 우선 현장에 밀착한 지식과 기술을 개발해야 합니다. 대학 연구실이

 이처럼 기술 혁신과 숙련 향상을
체계적으로 지원할 때에만
경쟁력을 높여 갈 수 있습니다.

나 학회 논문으로만 존재하는 것이 아니라 실질적으로 생산과정
에 투입할 수 있는, 현장에 적용되고 현장에서 효율적으로 활용
될 수 있는 기술혁신을 위한 시스템을 만들어야 합니다. 그리고
또 하나는 중소기업에서 일하는 인력의 질을 높여야 합니다. 지
금과 같이 3D 업종화되고 그래서 점점 외국인 노동자로 채워지
는 중소기업으로는 경쟁력을 높일 수 없습니다.

**송성준**  시에서 지원하는 체제와 어떤 관련이 있겠습니까?

**김석준**  중소기업에서 일하는 사람들이 최소한 먹고 살 수 있
는 조건을 만들어야 하고, 더 나아가서는 숙련을 향상시킬 수 있
는 새로운 교육 프로그램들이 도입되어서, 기술과 인력의 결합
을 통해서 경쟁력을 높여 가야 합니다. 그런데 지금까지 부산의
중소기업들은 임금 수탈적인 방식으로 운영, 유지되어 왔습니
다. 물론 그렇지 않은 기업들도 있지요. 그렇지 않은 기업들은
대부분 기술경쟁력에서 우위에 놓여 있습니다. 중소기업이 가진
기술경쟁력은 기업하시는 분들이 수많은 시행착오를 경험하면
서 터득한 것입니다. 이런 것을 부산시 차원에서 보다 집중적으
로 지원하는 시스템을 만들고, 일하는 노동력의 질을 높여야 합
니다. 이처럼 기술 혁신과 숙련 향상을 체계적으로 지원할 때에

진보와 대화하기

만 경쟁력을 높여 갈 수 있습니다. 이럴 때에만 중소기업의 일자리가 늘어날 수 있습니다. 앞으로 들어오는 대기업들은 대부분 노동 절약적이기 때문에 실업문제를 해결하기 위해서도 적정기술과 경쟁력을 갖고 있는 중소기업을 키워 내야 합니다. 여기서 도태할 수밖에 없는 기업들은 합리적으로 정리할 수 있게 해 주는 시스템을 만들어야 합니다.

**송성준**　두 가지를 지적하고 싶은데요. 우선, 산학협력 강화의 차원입니다. 기업에서는 실제 현장에 적용될 수 있는 기술을 학교에 요구하고 있지만 제대로 활용이 될 수 있는 기술이 학교 측에서는 나오지 않은 것이 많습니다. 어떻게 생각하십니까?

**김석준**　이 문제에 대해 말씀드리기가 상당히 조심스럽습니다. 잘은 모르지만 대학에서는 산학협력을 통해서 생산현장에 필요한 지식이나 기술을 얼마나 제공했느냐보다는 유명 학술지에 논문을 몇 편 내었느냐를 더 중요하게 평가하는 것 같습니다. 물론 학술연구의 수준을 높이기 위해서 국제적인 저널에 논문을 발표하는 것도 중요하지만 지역에서 위기에 처한 중소기업이 필요로 하는 기술과 지식을 적절하게 제공하는 일도 중요합니다. 그런데 대학에서 이런 역할을 적극적으로 수행하기 어려운 측면

이 있기 때문에 박사급 젊은 인력들을 집단적으로 활용하는 새로운 산학협력 시스템을 만들어 내고, 또 그런 것들이 확산되면서 대학과 경쟁하는 구조로 가야 합니다.

**송성준**  또 하나는 중소기업의 인력을 강화해야 한다고 하였는데 현실적으로 청년실업자들이 굉장히 많지만 이 사람들이 중소기업으로 가지 않는다는 것이 문제입니다. 물론 가지 않는 이유가 말씀하신 임금 수탈적인 부분도 있고, 중소기업들이 너무 쉽게 이윤을 창출하기를 원하기도 하지요. 이런 것을 극복하기 위한 실질적인 방안이 있어야 하지 않을까요?

**김석준**  기업현장에서도 인건비를 절약하는 방식보다도 기술 혁신을 촉진하는 것이 장기적으로 더 이득이라는 사실을 깨달아야 합니다. 인적 자원의 질 문제는 자연스럽게 청년실업의 문제로 연관되는데요, 정부에서도 청년실업의 중요성을 인식하여 1년에 5천억 이상을 청년실업 해소를 위한 재원으로 쓰고 있습니다. 그런데 전국에서 청년실업이 가장 심각한 부산 지역 같은 경우에 정부에서 지원하고 있는 5천억 가운데 10분의 1만 가져온다고 하더라도 500억을 확보할 수 있습니다. 대학을 나온 인적 자원이 중소기업에 가지 않는 것은 전망이 없고, 일자리도 불안

진보와 대화하기

현실적으로 청년실업자들이 굉장히 많지만
이 사람들이 중소기업으로 가지 않는다는 것이
문제입니다.

하기 때문입니다. 부산지역 대학을 나와서 부산지역의 중소기업
에 취업하는 사람들에게 대기업과의 격차를 다 보전해 주지는
못하지만, 예를 들어서 한 달에 40만 원 정도의 보조금을 지원해
준다면 일 년에 500만 원이 됩니다. 500억 원의 재원이면 적어
도 만 명은 중소기업에 취업할 수 있는 유인을 제공할 수 있습니
다. 부산에서 대학을 졸업하는 사람이 4만 명 정도는 됩니다. 그
중에서 취업할 의지가 없거나 다른 일을 하려는 사람들은 빼고,
만 명 정도라도 중소기업에 취업을 할 수 있는 동기를 부여한다
면 중소기업 인력의 질을 상당히 높일 수 있습니다. 그런 과정을
통해서 중소기업을 실질적으로 바꿔 나갈 수 있는 고리들을 찾
아내려고 하면 얼마든지 찾아낼 수 있습니다.

**송성준**   정부에서 여러 가지 산학협력과 관련된 지원을 많이
하고 있는데, 지금 정부 예산지원 기준이 명망가 중심이거나 외
향적 성과가 나기 쉬운 쪽으로 지나치게 편중되어 있지 않은가
하는데요. 그렇다면 정부 예산 자체의 문제점은 없을까요?

**김석준**   바로 그겁니다. 예를 들자면 이번에 황우석 사태에서
도 보듯이 대부분의 연구비가 특정 프로젝트에 집중적으로 지원
되었죠. 생명공학 분야에서도 배아줄기세포의 경우에는 인권 문

 지역에 헌신할 수 있는 보람 있는 일터가 열릴 때,
지역의 젊은 인재들을 붙잡아 둘 수도 있습니다.
이거야말로 일거양득입니다.

제도 제기되고, 또 실용화되기까지에는 훨씬 더 복잡한 연구 개발 과정이 필요하기 때문에 성체줄기세포를 연구하는 것이 옳다는 지적들이 일찍부터 제기되었습니다. 실제로 부산만 하더라도 성체줄기세포 연구 분야에서 많은 진전이 이루어지고 있었습니다. 이처럼 산업화하기도 손쉽고, 윤리문제와 같은 문제가 발생하지 않음에도 불구하고 배아줄기세포 연구 쪽으로 대부분의 연구비를 몰아주었기 때문에 BT산업* 으로서 전망이 높은 이런 부분은 소외되어 버리면서 불균형이 생겨납니다. 따라서 정부의 연구비 지원정책도 사실은 큰 틀에서 조정되어 새롭게 접근해야 한다고 생각합니다. 중앙정부는 그렇다 치고, 부산의 경우에는 인적자원에 대한 지원으로 천억 정도를 기금으로 조성하려고 하고 현재 200억 정도가 조성된 것으로 알고 있습니다.

　어쨌든 지방 정부에서라도 좀 더 선도적으로 명망가가 아니라 정말 지역에 뿌리를 내리고 지역의 생산 현장에서 필요로 하는 지식이나 기술을 개발할 수 있는 젊은 전문가들을 키워 내고 희망을 줘야 합니다. 지방대학에서 박사학위를 받아 봐야 갈 곳이

* 생명공학기술 Biotechnology 산업. 생명공학은 생체나 생체유래물질 또는 생물학적 시스템을 이용하여 산업적으로 유용한 제품을 제조하거나 또는 공정을 개선하기 위한 기술인데 그 기술을 이용한 산업을 말한다.

진보와 대화하기

없습니다. 그런데 서울에 있는 연구기관만큼은 안 되더라도 일정한 생활이 보장되면서 지역에 헌신할 수 있는 보람 있는 일터가 열릴 때, 지역의 젊은 인재들을 붙잡아 둘 수도 있습니다. 이거야말로 일거양득입니다.

**송성준** 내부적인 효율성 문제도 말씀하셨는데 산업구조로 볼때 21세기 부산은 어떤 산업이 발전되어야 하는가에 대해서 말씀해 주십시오.

**김석준** 부산은 360만의 대도시입니다. 인구 규모로만 본다면 싱가포르보다 조금 적은 수준입니다. 그렇기 때문에 어떤 한산업이나 어떤 특정 부분으로 시민들을 다 먹여 살릴 수는 없다고 봅니다. 지역 전체의 체질을 개선하고 강화시키는 노력이 필요합니다. 그런 전제 위에서 보자면 부산시에서 선정하고 있는 10대 전략산업에는 들어갈 것은 다 들어가 있다고 봅니다. 그렇기 때문에 이 10대전략 산업에 대해서 실질적인 지원을 제대로 하기만 하면 된다고 생각합니다. 이 10대 전략산업이라도 제대로 지원, 육성하는 한편, 일자리를 가장 많이 가지고 있는 낙후한 서비스업 같은 부분도 먹고 살 수 있도록 지원하는 노력들이 필요하다고 봅니다.

부산박사 김석준

**송성준**　이제 각론으로 들어가 보겠습니다. 아까 교수님께서 부산의 3대 강점 중의 하나로 항만을 꼽으셨는데, 부산항의 경쟁이라는 부분은 단순히 부산만의 문제가 아닌 한국의 국제 물류적인 경쟁력과 연결되는 부분인데, 중국에서 양산항이 개장되면서 부산의 환적화물을 가져가겠다는 입장입니다. 중장기적인 시장 흐름으로 볼 때 일본과 중국의 일부지역을 포함하는 연대가 필요할 것 같은데, 어떻게 생각하십니까? 특히 부산의 직접적인 물류 부분에 있어서 전망을 어떻게 보시는지요?

**김석준**　부산항의 경쟁력을 높이는 것이 부산의 존립을 위해서뿐만 아니라 우리나라 전체의 물류 경쟁력을 확보하는 부분에서도 중요하다고 봅니다. 그런데 세계 어떤 나라를 보더라도 150km밖에 떨어져 있지 않은 곳에 두 개의 중심 항구를 두는 나라는 없습니다. 설령 중심 항만이라고 몇 개를 개발하더라노 항구에 배가 들어오고 안 들어오고 하는 것은 선사가 결정을 합니다. 그런데 선사의 입장에서 150km밖에 떨어져 있지 않은 항구두 곳에 다 배를 들일 수는 없는 것이지요. 그래서 대부분의 나라에서는 원포트 시스템을 채택하고 나머지는 보조항으로서 활용하고 있습니다. 우리의 경우 정치논리에 휘둘려서 균형발전론이라는 미명하에 투포트 시스템을 고수하는 것이 문제입니다.

　　　　　　　　　　　　　　　　진보와 대화하기

## 투포트 시스템이 적절치 않다는 뜻인가요?

실제로 중국의 양산항이 착공되기 전부터 부산신항의 개발이 추진되었음에도 불구하고 우리가 더 늦게 진행되고 있는 것이 문제라고 생각합니다. 지금이라도 투포트 시스템(two-port system)을 둘러싼 논란을 종식시켜야 합니다.

**송성준**  투포트 시스템이 적절치 않다는 뜻인가요?

**김석준**  그렇습니다. 최근에 해양 연구소에서 나온 자료를 보면 전망치로도 광양항은 계속 줄어들고 부산항은 계속 늘어날 수밖에 없는데도 불구하고 해양수산부에서는 끝까지 투포트 시스템을 주장하고 있는데, 이것은 근본적으로 잘못된 접근입니다. 부산항의 컨테이너 처리량이 급속하게 늘었던 것은 환적화물이 40%를 차지하기 때문인데, 제가 보기에는 중국에서 대규모 항만이 개발됨에 따라 어쩔 수 없이 환적화물의 비중이 줄어들 수밖에 없다고 봅니다. 원래 상해항은 수심이 깊지 않아서 대형 콘테이너선이 접안이 되지 않았는데, 최근 상해항의 20km 밖에다가 양산항을 만든 것입니다. 이렇게 되니까 우리나라를 거쳐서 화물을 환적하여 중국으로 갈 필요가 없어진 것이지요. 일본에서 부산을 거쳐서 중국을 갈 필요가 없습니다. 직접 중국으로 가면 되니까요. 그렇기 때문에 어차피 환적화물이 줄어들

 남북한 관계가 풀려서, 부산에서 출발해서
환중국, 환시베리아 노선이 빨리 열리게 되면
부산항의 지경학적인 비중이 더
높아질 수밖에 없습니다.

수밖에 없습니다. 환적화물이나 처리 규모가 많고 작음에 따라서 세계 3등, 5등이냐를 따질 것이 아니라 항만의 경쟁력, 부가가치를 어떻게 높일 것이냐의 관점에서 접근해야 합니다. 그런 면에서 볼 때 신항은 문제가 적지 않습니다. 배후 부지가 협소하다거나 아직까지 배후 도로망이 제대로 갖추어져 있지 않은 것은 심각한 문제입니다. 환적화물의 수가 아니라 부산에 들어온 화물들을 포장하거나 분류하거나 또는 새로운 기능을 첨가하거나 가공해서 실제로 부가가치를 높일 수 있는 항만 시스템을 갖추는 것이 시급합니다.

**송성준** 다른 점도 있겠습니까?

**김석준** 이미 지적했듯이 중국에서 양산항 등의 개발이 본격화되면 일본에서는 굳이 부산에 왔다가 갈 필요가 없습니다. 그런데 미국이나 유럽의 입장에서 보면 부산은 중요한 기착항입니다. 부산항의 경쟁력을 높여 갈 경우 미주노선이나 유럽노선에서 오는 화물들을 계속 가져올 수 있습니다. 특히 중요한 것은 남북한 철도 연결입니다. 그래서 환적항으로서의 기능이 다소 줄어든다고 하더라도 남북한 관계가 풀려서, 부산에서 출발해서 환중국, 환시베리아 노선이 빨리 열리게 되면 부산항의 지경학

진보와 대화하기

적인 비중이 더 높아질 수밖에 없습니다. 일본의 입장에서도 지금은 중국으로 갈 때는 부산을 안 거치더라도 화물을 유럽이나 시베리아로 보낼 때는 부산을 거칠 수밖에 없습니다. 하루빨리 남북한의 관계가 풀려서 철도가 연결되는 것이 부산으로 봐서도 굉장히 시급하고, 우리나라 전체를 보더라도 주요한 과제라고 생각합니다. 그래서 장기적으로 저는 여전히 부산항의 전망은 밝다고 생각하고 있습니다.

**송성준** 그렇다면 남부권 신공항의 필요성 문제는 어떻게 보고 계십니까?

**김석준** 실제 공항을 하나 만드는데 그렇게 많은 돈이 드는지 몰랐습니다. 15조 정도 든다고 하는데요. 제가 교수나 연구자의 입장에서 이런 얘기를 할 때, 사실은 누워서 침 뱉기라고 생각하는데요. 공항을 하나 만들기 위해서는 사전에 수요 예측이라든지 타당성 검토를 위해 연구 용역을 줍니다. 그런데 이 용역 결과를 신뢰하기가 힘듭니다. 예를 들어서 부산시가 발주를 하면 당장에 신공항이 없으면 큰일이 날 것처럼 말하지만 서울 쪽에서 발주를 하면 아직 멀었다고 합니다. 그렇기 때문에 정말 신뢰할 수 있고 객관적인 사전조사가 절실히 필요합니다.

**송성준**　현재로서는 신공항을 급히 서두를 필요가 없다는 말씀이신가요?

**김석준**　장기적으로는 신공항의 필요성이 대두될 것입니다. 하지만 당장은 시급하지 않은 문제라고 봅니다. 아까 말씀드린 것처럼 항구도 투포트가 아니라 원포트로 해야 하듯이 공항의 경우에도 인천공항이 허브역할을 일정하게 하고 있는 상황에서 중복해서 부산에 허브공항을 건설하는 것은 효율성이 떨어진다고 봅니다. 그럼에도 불구하고 국제적인 교류가 넓어지면서 필요성이 대두될 것으로 봅니다. 지금 부산에 유럽이나 미국으로 바로 갈 수 있는 국제선이 들어오기 힘든 것은 활주로가 짧기 때문입니다. 장기적인 수요에 대한 정확한 예측을 하고 준비를 해나가야 하지만 우선 일차적으로 시급한 것은 김해공항이 여러 가지 안전의 측면에서 문제가 있다 하더라도 활주로를 확장해서 보잉 747급의 대형 비행기가 이착륙할 수 있을 정도로 활주로를 확장하는 일입니다.

**송성준**　좋습니다. 자, 그럼, 다른 문제를 한 번 볼까요? 도시 전체적으로 자본주의가 재편되어 있는데, 부산지역 내에서도 각 구별로 운영하는 삶의 질의 격차가 나오고 있지 않습니까? 해운

　　　　　　　　　　　　　　　진보와 대화하기

부산지역 내에서도 각 구별로 운영하는
삶의 질의 격차가 나오고 있지 않습니까?

대나 수영 등 전통적인 도시의 지역격차와 더불어 인프라 자체
가 열악합니다. 이런 문제는 어떻게 해결 가능할까요?

**김석준**　실제로 그렇습니다. 우리는 도시 안에서의 격차라고
하면 서울의 강남, 강북간 격차만 생각하는데, 어느새 부산도 동
서간 격차가 굉장히 심각해지고 있습니다. 여러 가지 지표에서
확인이 되는데요. 도시 인프라의 격차가 가장 피부로 느껴지는
실례로 학력격차를 들 수 있습니다. 예를 들어 소득수준이 높은
해운대나 금정, 수영 지역 학생들의 학력과 소득수준이 낮은 북
구나 사상 지역의 학력 차이가 크게 나타납니다. 교육 영역은 시
장이 직접 관할하는 부분은 아니지만 지역간 격차가 교육격차로
현실화되어 나타나기 때문에 그 격차를 어떤 식으로든 줄여나가
는 노력들을 해야 합니다.

**송성준**　그런 문제에 시장이 할 수 있는 일이 얼마나 있겠습니
까?

**김석준**　사실 시장이 모든 문제를 다 해결할 수 있는 것은 아
니지 않습니까? 시장이 할 수 있는 일은 냉정하게 따져 보자면
시의 살림살이를 책임지면서 격차를 줄여나가는 것입니다. 이를

이런 상황에서
외국 사람을 유치하기 위해서 의료시설이나
학교를 만든다는 것은 과장된 면이 있습니다.

위해서 도시 전체의 운영방향을 제시하면서 복지예산 확보 등의 정책적 지원책을 마련하는 정도일 것입니다. 지역격차가 커지는 과정에서 생활보호대상자들이 특정 지역에 집중되는 경향이 있습니다. 그런데도 기초자치단체로 예산을 배분하는 과정에서는 편의상 인구비례로 배정을 합니다. 이렇게 하면 결국 지역격차가 고착화될 뿐입니다. 복지예산을 기초자치단체로 배분할 때 실제 수요베이스로 재편해야 한다고 생각합니다.

인구수가 적더라도 혜택이 필요한 사람이 많으면 제대로 찾아내서 실수요자 비율로 예산을 재분배하는 노력을 해야 하는데, 여태까지 이런 기본적인 원칙도 지켜지지 못했습니다. 실태파악을 하는데 인원이 모자란다든지 하는 여러 가지 문제가 있을 수 있지만, 인원을 보충해서라도 실제로 도움이 필요한 숫자가 얼마나 되는지에 대한 기초조사에서부터 합리적인 예산분배, 경우에 따라 추가적인 예산확보 등이 필요하다고 생각합니다.

**송성준**   신항 건설, 경제자유구역 개발을 위해 외국자본 유치와 화물의 안정적 확보라는 목표를 가지고 있는데요. 많은 전문가들이 외자유치가 성공하려면 학교 문제, 교육 문제와 함께 의료 문제가 해결되어야 한다고 봅니다. 그래서 교육과 의료시장

개방이 되어야 한다는 입장을 견지하고 있는데요.

**김석준**　잘 아시겠지만, 경제자유구역이라는 발상 자체가 여러 가지 문제가 있습니다. 경제자유구역을 해서 외국자본이 들어올 수 있는 곳은 냉정하게 보면 경인지역밖에 없습니다. 부산과 광양도 경제자유구역 지정을 해 놓았지만, 실제로 외자유치 성공 사례가 거의 없고 앞으로도 외국자본이 들어올 가능성이 희박하다는 것이 일반적인 분석입니다.

　이런 상황에서 외국 사람을 유치하기 위해서 의료시설이나 학교를 만든다는 것은 과장된 면이 있습니다. 이런 요구는 서울에 들어가 있는 외국인 회사의 사람들이 요구하면서 현실화되었을 뿐인데, 외국인이 많이 들어와야 하기 때문에 전용 학교나 의료기관을 설치해야 한다는 논리는 지나친 비약입니다. 백보 양보를 해서 외국인이 많이 들어오고 외국자본이 많이 들어온다고 하더라도 외국인 전용학교나 외국인 의료시설을 설치하는 것은 위험하다고 생각합니다. 다른 많은 사례에서 보듯이 외국인만으로는 학교가 유지되지 않습니다. 병원도 마찬가지입니다. 그러니까 이미 경제자유구역 법안에서도 처음에는 반대가 심하니까 막아났다가 결국은 법을 바꿔 다 열어 줬습니다. 외국인 전용학교에도 한국 아이들을 보낼 수 있게 되고, 의료기관에도 한국 사

람이 진료를 받을 수 있게 되어 있습니다.

부산경제자유구역에서도 암센터를 유치하기로 했다고 하는데 실제로 외국인이 많이 들어오더라도 암환자는 별로 없습니다. 결국 암센터가 들어오거나 의료기관이 들어오는 것은 외국 사람을 대상으로 하기보다는 내국인을 주요한 고객으로 하게 됩니다. 학교 문제만 하더라도 외국 유학 가는 돈으로 차라리 외국인 학교에 보내는 게 효율적이라고 주장하고 있지만, 실제로 여기 들어오는 학교들이 외국에 빠져나가는 교육비 지출을 줄이는 게 아니라 오히려 늘리는 창구역할을 할 수밖에 없을 것이고, 대신에 공교육 체제는 완전히 무너지게 될 겁니다.

마찬가지로 전문 선진 의료 시스템이 들어온다고 할 때 이곳에서 암 치료하는 외국인이 한두 명 있을지 모르지만 대부분은 국내의 돈 있는 사람이 이용하게 될 겁니다. 이 사람들에게 의료보험도 적용 안 되는 영역을 개방하는 거죠. 그렇게 되면 국내의 다른 대학병원이나 종합병원들도 의료보험 체계 밖에 있겠다고 나설 것이고, 개인 의료보험을 더욱 적극적으로 도입해야 한다는 논리로 발전합니다. 이렇게 되면 문제가 많음에도 불구하고 그나마 지금까지 어렵게 유지해 왔던 의료보험 시스템

이 완전히 무너지게 되는 겁니다. 그래서 명분과는 달리 실제로 운영되는 과정에서는 소수의 돈 많은 사람들에게 교육기회나 치료기회를 열어 줄지는 모르지만 그 결과는 기존의 공교육 시스템이나, 의료보험체계를 근본에서부터 뒤흔들 수 있는 아주 위험한 일입니다.

**송성준** 하지만, 이런 지적도 있습니다. 현재 국내 종합병원의 경우에 의료서비스 수준 자체가 굉장히 열악한데, 경쟁이 배제된 상태에서 지나치게 온실 속에서 자라 왔다는 것입니다. 그리고 부산에 있는 상위 5% 그룹은 어차피 부산의 의료수준이 낮다고 생각하면서 서울로 가고 또 서울에서도 안 되면 미국이나 선진외국으로 간다는 거죠. 개방이 되면 국내 의료 시스템의 낙후성이나, 서비스가 획기적으로 개선될 수 있다고 보는 견해에 대해서는 어떤 의견이십니까?

**김석준** 경쟁의 논리를 통해서 의료서비스를 개선할 수 있다고 생각은 할 수 있습니다. 그런데 의료특구를 만들어 놓고 있는 싱가포르나 말레이시아 같은 경우에도 미국의 유명 의료기관이 들어가 있는 곳은 없습니다. 선진의료 시스템 전체가 들어오는 것이 아니라 그야말로 교두보만 들어오는 것입니다. 이러한 의

대다수 서민들이
그나마 의존할 수밖에 없는
국민의료보험 체제 자체가 붕괴될 수도 있습니다.

료 특구의 실제 고객 대다수는 그 나라 사람들인데, 경쟁을 통해서 서비스의 질이 개선되기 보다는 의료 수가만 높아지고 대부분의 서민들은 접근조차 하지 못하게 되어 더욱 극심한 양극화를 초래하고 있습니다. 그리고 이런 구조가 더 진행되면 지금도 끊임없이 국민의료보험 체계를 부정하고 개인의료보험 체계를 도입하자, 미국식으로 가자는 요구가 제기되고 있는데 이것이 바로 물고를 트는 통로가 될 것입니다. 대다수 서민들이 그나마 의존할 수밖에 없는 국민의료보험 체제 자체가 붕괴될 수도 있습니다.

**송성준**　　그리고 부산의 산업구조상 고급인력을 찾을 수 있는 구조가 취약하다는 지적인데요. 첨단 IT산업 같은 경우에는 특히 수도권에 집중되어 있고, 그나마 부산이 가지고 있던 기업도 이전하고 있는 것이 현실입니다. 이런 첨단 분야에 대한 체제강화를 한다면, 어떤 접근방식이 필요한지요?

**김석준**　　어려운 문제입니다. 첨단산업 육성한다고 하면서 사이언스 파크, 테크노 파크 같은 것을 각 도시마다 다 만들지 않았습니까? 그런데 결국에는 서울로만 다 가고 대부분 공동화되거나 실패했습니다. 이것은 부산의 책임도 있겠지만, 모든 것이

지나치게 서울로만 집중하는 구조 자체에 근본적인 원인이 있습니다. 서울로 가야만 정부도 있고, 돈도 있고, 인맥도 있는 구조이기 때문에 결국 서울로 빨려 들어갈 수밖에 없습니다. 참여정부가 그나마 분권이라도 제대로 해 주면 좋겠는데, 모든 것을 서울로 빨아들이는 현상을 막을 수 있는 힘이 당장에 생겨나기는 어려울 것 같습니다. 우선 지역에서 배출되는 석사, 박사급의 연구 인력들이 안정적으로 일할 수 있는 공간을 제공한다면 그것이 IT가 되었든 BT가 되었든 부산에서도 나름대로 경쟁력 있는 분야를 확보해 나갈 수 있을 것입니다.

**송성준**  그러면 그와 관련하여 부산에서 할 수 있는 일이 있다면 구체적으로 무얼 들 수 있을까요?

**김석준**  좀 더 면밀하게 검토해 보아야 하지만, 부산 같은 경우에는 새로운 영역으로 태양광전지, 풍력, 조력 등 대체에너지를 개발하는 부분에 선도적으로 투자하면 분명히 승산이 있다고 봅니다. 자꾸 IT로만 갈 것이 아니라 부산의 인적 자원들을 보다 효율적으로 활용할 수 있는 영역을 지방정부에서 선도적으로 육성하고, 연구 인력들의 일자리를 제공하는 노력을 통해서 경쟁력을 만들어 가야 한다고 생각합니다. 해양바이오를 서울에서

할 수 있겠습니까? 현장에 가까이 있어야 합니다. 그리고 광주에
서 광에너지 개발을 하고는 있습니다만, 제가 볼 때는 부산이 더
유리한 조건을 가지고 있기 때문에 집중적으로 지원하면 승산이
있을 것이라고 생각합니다.

**송성준**　항만물류 분야에서도 첨단산업인 IT를 도입한다는
데…….

**김석준**　그렇습니다. 지금 하고 있죠? 누리(NURI)사업*의
일환으로 항만의 전자 조회 시스템을 개발하고 있는 것으로 알
고 있습니다. 제가 보기에는 꼭 항만만 아니라 앞으로는 국내
물류 체계 전반에도 그런 시스템이 도입되어야 한다고 봅니다.
그래서 티켓 안 주고도 통과한 모든 지점에서 전산으로 처리할
수 있는 시스템을 개발하고, 이것을 항만 물류와도 연계하면 훨
씬 경쟁력이 있을 것입니다. 그런 부분에 이미 제한적이지만 투
자가 되고 있고 정책적으로 지원할 가치가 충분히 있다고 생각
합니다.

**송성준**　한국경제의 전체적인 수준에서도 마찬가지이지만, 특
히 지역경제를 살리는 데는 중소기업의 육성이 매우 중요할 걸

# * 누리(NURI)사업

지방대학 혁신역량 강화사업(New University for Regional Innovation)을 말한다. 대학과 지자체, 산업체 등이 공동으로 사업단을 구성해 지역발전에 필요한 다양한 분야의 인력을 양성하는 참여정부의 대형 국책 사업이다. 이 사업은 정부가 BK21(두뇌 한국)사업의 후속으로 지방대학 경쟁력 강화와 지역혁신체계 구축을 위해 마련한 것으로 2004년부터 2008년까지 5년간 1조 4,200억 원을 투자, 인적 자원을 개발한다. 사업 유형은 지역 전략산업 육성 및 발전에 필요한 인적자원 개발과 인문, 사회, 자연과학, 공학 등 지역 발전에 필요한 사업 등으로 구분된다.

이에 따라 교육인적자원부는 2004년 6월 16일 누리사업의 지원대상으로 권역별 112개 사업단을 선정, 발표했다. 지원대상으로 뽑힌 대학은 4년제 79곳, 전문대 33곳으로, 규모별로 보면 대형(연간 30억 ~50억원 지원)사업단 25개, 중형(10억~30억원 지원)사업단 25개, 소형(10억원 이하 지원)사업단 61개가 뽑혔다. 선정된 사업단에는 인건비, 운영비, 실습기자재 구입비, 장학금 등이 '패키지 방식'으로 일괄 지원되고, 연차 평가에서 탈락하지 않으면 5년간 같은 액수를 지원받는다.

일하는 사람들에 대한 기본적 권리를 보장하면서
건강한 노조와 공생하는 기업이
꼭 필요하다고 생각합니다.

로 생각합니다. 부산에서의 중소기업 살리기에 대해서 한 말씀
하시지요.

**김석준**   부산경제를 살리기 위해서는 부산의 중소기업이 경쟁
력을 가지고 제대로 굴러가야 합니다. 그런데 중소기업을 제대
로 살리기 위해서는 자금이나, 기술뿐만 아니라 인력도 굉장히
중요합니다. 가장 우선적으로 생각해야 할 부분은 중소기업에서
일하는 사람들을 동반자로 인정하고 함께 협력하는 일입니다.
일각에서 민주노동당이 반기업적이 아니냐고 우려하는데 그렇
지 않습니다. 일하는 사람들에게 경우에 따라서는 희생과 양보
까지도 요구할 수 있는 역할은 민주노동당만이 할 수 있습니다.
민주노동당은 현재의 족벌적 재벌지배체제를 반대할 뿐입니다.
중소기업 중심의 구조를 만들고 중소기업을 지역경제의 견인차
로 만드는 일에는 그 어떤 정당보다도 민주노동당 후보가 잘 할
수 있다고 확신합니다.

**송성준**   노조에서도 동의를 할까요?

**김석준**   일하는 사람들에 대한 기본적 권리를 보장하면서 건
강한 노조와 공생하는 기업이 꼭 필요하다고 생각합니다. 얼마

전 중소기업청에서도 지방자치단체에서 물품구매를 할 때 50% 이상을 중소기업 물건을 쓰도록 하는 시행령을 만들어서 올해부터 시행이 될 것으로 알고 있습니다. 저는 중소기업 제품을 쓰는 수준을 넘어서서 실제로 노사관계가 민주적인 기업에 대해서는 혜택을 주는 방안을 적극 추진할 것입니다. 예를 들어 시에서 발주하는 공사나 물품 구매 입찰에서 비정규직 비율이 낮고 노사관계가 원만한 기업에 우선순위를 부여할 것입니다. 이런 방식을 통해서라도 제대로 된 노사관계와 건강한 중소기업들에게 실제 시에서 할 수 있는 직접적인 지원까지도 해야 된다고 생각합니다. 민주노동당이 반기업적일 이유가 없습니다. 보다 건강한 기업문화를 만들어 갈 것입니다. 어차피 상당히 오랜 기간 자본주의 체제하에서 살아갈 수밖에 없다고 한다면, 제대로 된 자본주의를 만들어 가는 일도 중요하다고 생각합니다.

**송성준** 작년 11월 아펙과 관련하여 대부분의 부산 시민들은 찬성, 지지를 하였으나, 김교수님께서는 반대를 주도하셨습니다. 아펙이 경제적으로 부산에 도움을 줄 수 있는 건 아닌가요?

**김석준** 그렇지 않습니다. 부산시에서는 아펙을 통해 부산 경제가 획기적으로 좋아지거나 도시 브랜드 가치가 엄청 올라간다

 그동안 주로 브라질의 포르토 알레그레에서
열렸던 세계사회포럼을 부산으로 유치하는 일을
적극 추진하겠습니다.

고 일방적으로 홍보하였지만, 그 파급효과라는 것이 지역경제에
1%도 되지 않는 미미한 것에 불과했습니다. 아펙에서 다룬 주요
의제 가운데 하나는 12월 홍콩 WTO 각료회의에서 도하개발아
젠다(DDA) 협상 타결을 촉구하는 결의문을 채택하는 것이었습
니다. 결과적으로 좌절되기는 했지만 홍콩 WTO 각료회의에서
DDA 협상을 타결했더라면 의료, 교육, 공공서비스들까지도 개
방하게 되고, 그 결과 시민들의 삶은 외국자본에게 무방비로 노
출될 수밖에 없습니다. 소문난 잔치에 먹을 것 없다는 말처럼 아
펙은 부산시민을 위한 잔치가 아닌 소수의 강대국과 초국적 자
본을 위한 잔치일 뿐이었고, 그 대신에 우리는 적지 않은 불편을
감수할 수밖에 없었습니다. 마치 아펙이 부산의 미래를 확연히
변화시킬 것처럼 선전을 했지만, 결과적으로 아펙은 민중의 삶
을 더욱 더 벼랑으로 내몰 뿐입니다.

**송성준**  민주노동당이 세계화, 개방화에 대해서 소극적이라는
지적도 있습니다.

**김석준**  민주노동당이 세계화나 개방화 그 자체를 반대하는
것은 아닙니다. 지금 광풍처럼 몰아치고 있는 신자유주의 세계
화 즉, 모든 것을 상품화하고 모든 것을 시장에 맡기려고 하고,

진보와 대화하기

그 결과 빈곤과 불평등을 확대하는 이런 신자유주의 세계화에 대해서는 단호하게 맞서야 합니다. 각 나라마다 주권을 존중하고, 생존에 필요한 농업이나 기반시설에 대해서는 보호하는 바탕 위에서 세계화를 추진해 나가야 합니다.

**송성준**  아펙에 반대한 것도 그런 이유 때문입니까?

**김석준**  그렇습니다. 아펙은 빈곤과 전쟁을 확대하는 신자유주의의 첨병 역할을 하기 때문에 반대합니다. 그러나 제가 시장이 되면 세계사회포럼*을 부산에서 개최하려고 합니다. 시위대를 막기 위해서 경찰이 포진하고 있지 않아도 되고, 세계 각처에서 모여든 활동가들과 부산 시민들이 격의 없이 어울림으로써 밑으로부터 세계화가 어떤 것인가를 제대로 보여 주기 위해서 그동안 주로 브라질의 포르토 알레그레에서 열렸던 세계사회포럼을 부산으로 유치하는 일을 적극 추진하겠습니다.

# * 세계사회포럼 (WSF)

World Social Forum. 약칭은 WSF이다. 2001년 1월에 열린 다보스포럼과 때를 맞추어 브라질 리우그란데두술주(州)의 포르토알레그레에서 제1회 포럼을 개최하였다. 세계경제포럼으로 불리는 다보스포럼이 세계화를 지향하는 선진국 중심의 국제회의로서, 개발도상국과 제3세계 국가들을 철저히 외면하고 있다는 비판에서 출발하였다. 제1회 포럼 이후 해마다 다보스포럼과 같은 시기에 열린다. 1회 때는 전세계 100여 개 나라에서 세계화에 반대하는 정치인, 시민운동가, 노동운동가, 학자 등 1만 5천여 명이 참가하였다. 2002년 제2회 때는 110개국에서 5만여 명이 참가하였다.

포럼의 주요 뼈대는 부의 집중, 빈곤의 세계화, 지구의 파괴를 앞당기는 다보스포럼을 중단시키는 것이다. 이를 위해 개발도상국의 부채 탕감, 아동학대 금지, 여성운동 활성화, 인종주의 청산, 유전자변형식품 금지, 민주주의의 개혁, 농산물 수출 보조금제 폐지, 국제 투기자본 규제를 위한 토빈세 제정 등 분야별로 주제를 정해 다양한 워크숍, 토론회, 세미나 등을 개최한다.

국제인권연맹, 국제사면위원회, 그린피스 등 국제비정부기구(NGO)

와 프랑스의 농민연맹, 미국의 지구의 친구들, 말레이시아의 제3세계 네트워크 등 다양한 단체가 참가한다. 그밖에 미국의 언어학자 N.촘스키, 〈노동의 종말〉의 저자 J.리프킨, 해방신학자 L.보프, 멕시코 사파티스타민족해방군(EZLN) 지도자 마르코스 등 세계적으로 유명한 학자, 정치인 등도 포럼에 참여하고 있다.

# 부산의 출산율 전국 최하위

### 인구 감소 문제에 대하여...

**송성준**　최근 통계청 자료에 의하면 부산의 인구가 계속 감소해서 한때 400만이던 것이 360만 정도로 계속 줄고 있습니다. 반면 노령화 인구 증가 속도가 빨라지고 저출산 문제도 상당히 심각한 사회적인 키워드로 자리잡고 있는데요. 그래서 각 지자체별로 인구이탈을 막기 위한 여러 가지 방안을 내놓고 저출산에 대한 지원책도 내놓고 있는데, 부산시의 도시 활력과도 직결되는 문제라고 할 수 있는 저출산 문제나 인구의 유출 문제에 대해서 어떻게 생각하십니까?

**김석준**　인구 유출 문제와 고령화 문제는 긴밀하게 연동이 되어 있습니다. 아시다시피 대도시 중 부산이 노인인구 비율이 가장 높습니다. 이는 특별히 부산 노인들이 장수해서가 아니라 20~30대가 역외로 빠져나감에 따라 노인인구 비율이 높아졌기 때문입니다. 도시 활력을 위해서는 20~30대를 흡인할 수 있는 방안들이 먼저 마련되어야 합니다. 20~30대가 빠져나가는 주된 이유는 괜찮은 일자리가 없기 때문입니다. 용지난 등으로 양산이나 김해로 공장이 빠져나가면서 거기서 일하던 사람들도 따라나가기 때문에 인구 유출이 가속화되고 있습니다.

**송성준**　그렇다면 해결 방법은요?

진보와 대화하기

**김석준** 지역 여건상 공업용지가 부족한 것은 사실이기 때문에 우선은 공업 용지를 최대한 효율적으로 확보해 나가야 합니다. 부산의 경우 대부분의 공장들이 준 공업지대에 입지해 있기 때문에 여러가지 이유로 역외로 빠져나가고 있는 추세입니다. 이처럼 공장이 빠져나간 자리에 아파트 단지가 들어서는 경우가 많습니다. 당장 아쉽다고 해서 공장 부지를 아파트 단지로 전환하는 것은, 시 전체 차원에서 볼 때 결코 바람직하지 않습니다. 그렇게 되면 부산의 잠재력이 소실되기 때문입니다. 부산시 차원에서 준 공업단지를 합리적으로 재개발해야 합니다. 도시형 공장들을 유치하고, 저공해, 주민 친화적인 공업지역으로 변모시켜 가야만 부산의 성장잠재력을 유지할 수 있습니다. 또 젊은이들이 부산에 남을 수 있도록 일자리를 창출하고, 아이 키우기 좋은 조건, 생활하기 쾌적한 조건을 만들어서 매력 있는 도시로 만들어야만 인구유출 문제나 노령화 문제를 해결할 수 있습니다.

**송성준** 저출산 문제는요?

**김석준** 노령 인구의 비율이 높은 것도 문제지만 부산의 저출산율도 심각한 문제입니다. 부산이 그만큼 아이 키우기 어려운 도시라는 사실을 보여 줍니다. 예를 들어 12세 이하 아이들에 대

해서 시에서 무상의료를 책임지는 제도를 도입해서 부산이 다른 어떤 도시보다 아이 키우기 좋은 도시라는 사실을 보여 준다면 자연스럽게 부산으로 젊은 층을 흡인해 올 수 있지 않을까 생각합니다.

**송성준** 미래사회를 규정하는 키워드로 저출산과 고령화를 꼽고 있습니다. 초고령화 시대로 진입하는 것이 당초보다 3년 앞당겨져서 2017년 정도로 예상하고 있습니다. 이 땅을 사는 한국여성들은 참으로 피곤한 삶을 살고 있습니다. 출산과 양육을 전담하다시피 하고 있고, 직장 내에서의 차별도 엄연히 존재합니다. 특히 저출산 문제는 부산에서도 심각한 문제인데, 이러한 문제는 아이를 적게 낳으려는 경향도 있지만, 만혼, 결혼기피와 같은 사회적 요인도 상당한 작용을 하고 있습니다. 여성의 출산과 양육부담을 줄이기 위한 방안이 있다면 어떤 것이 있을까요?

**김석준** 아이를 적게 낳는 요인들 중 만혼도 있겠지만 그것은 부산에만 해당되지는 않습니다. 전반적으로 여성들이 결혼을 늦게 하는 추세가 있기는 하지만 실제 선진국에 비해 우리나라의 결혼률이 아직도 상당히 높습니다. 이전에는 성인 남녀의 95% 이상이 결혼을 했었는데 최근에는 그 비율이 80% 대로 떨어졌

고, 일인 가구를 구성하는 비율이 높아져 가는 추세입니다. 부산에서 결혼률이 낮고 아이 낳는 비율이 낮은 것은, 그만큼 젊은 사람들이 일을 하거나 가정을 이루어서 아이를 낳기가 어려워지는 조건들이 존재하기 때문입니다. 여러 가지 요인들이 작용하겠지만 젊은 사람들에게 안정적인 일자리를 확보해 주는 것, 아이들 병원비를 걱정하지 않아도 되도록 의료지원을 확대하고, 보육시설을 확충하기 위한 노력이 집중적으로 이루어진다면 젊은이들을 다시 부산으로 이끌어 들일 수 있을 것입니다.

**송성준** 일부 시나 도의 경우에 양육부담을 줄인다고 아동의 유치원비를 지원해 주고 있는데, 민주노동당 차원에서 출산과 양육에 대한 부담을 줄이기 위한 지원을 한다면 어떤 식의 접근 방식이 있겠습니까?

**김석준** 우선 부산시에서도 셋째 아이에 대해서는 시에서 유치원비를 모두 지원하겠다는 발표가 있었는데요, 이런 노력도 필요하겠습니다만 아이를 세 명이나 낳는 사람은 요즘 거의 없지 않습니까? 그래서 셋째 아이를 봐 주는 문제가 아니라, 설사 한 아이를 낳더라도 그 아이 때문에 경제적 부담으로 생활이 어려워지는 상황을 완화시켜 주어야 합니다. 이를 위해서 우선 12

 이를 위해서 우선 12세 이하의 어린이에 대한
무상의료의 실현을 가장 우선적으로 추진하고
보육시설에 대한 지원도 획기적으로
높일 생각입니다.

세 이하의 어린이에 대한 무상의료의 실현을 가장 우선적으로
추진하고 보육시설에 대한 지원도 획기적으로 높일 생각입니다.
현재 부산의 보육시설은 거의 대부분 민간에서 운영하고 있습니
다. 민주노동당은 각 동마다 한 개 이상의 공공보육시설을 확보
하려고 합니다. 부산의 226개 동에 한꺼번에 공공보육시설을 다
설립하기는 어렵겠지만 실제 수요가 큰 지역부터 순차적으로 공
공보육기관을 설립하고, 민간보육시설에 대해서 지원을 확대해
나가겠습니다. 지금 부산시에서는 사립보육시설의 보육교사 1인
당 3만 원 정도 수당지급을 계획하고 있는데, 일반적으로 보육교
사의 조건이 굉장히 열악하기 때문에 이 부분에 대해서도 좀 더
적극적인 재정지원이 필요하다고 생각합니다.

**송성준**  또 다시 재원의 문제가 대두되지 않겠습니까?

**김석준**  그렇습니다. 결국 재원이 문제입니다. 앞에서도 말씀
드렸듯이 가용자원이 충분치 않는 조건 속에서는 결국 살림을
어떻게 살 것인가에 대한 방향설정이 중요합니다. 시정의 우선
순위를 복지 확대에 두고 현재 방만하게 집행되고 있는 도로건
설이나 거대한 이벤트 중심의 행사비용을 대폭 줄여서 복지, 특
히 의료와 보육 쪽으로 돌리는 것이 장기적으로 도시의 기초를

다지는 방법이라고 생각합니다.

**송성준**　자녀를 가진 여성의 경우 경제활동 참여와 아동양육
은 현실적으로 양립하기 어려운 문제입니다. 이것을 병행할 수
있는 신가족적인 제도와 서비스를 검토해 보신 적이 있으신가
요?

**김석준**　우선 보육시설을 확충하여 아이를 안심하고 맡길 수
있는 기반을 만들어야 합니다. 민간시설이라 하더라도 종일반
또는 24시간제를 운영하는 시설에는 인센티브를 줘서 동마다 적
어도 한두 군데는 공공보육시설이 아니더라도 아이를 안심하고
맡길 수 있는 시설을 확보하겠습니다.

또 하나 생각하는 것은 노인들에게 아이를 연계시켜서 돌볼
수 있게 하는 시스템을 작은 지역단위에서 잘 꾸미는 문제입니
다. 복지사들이 디자인을 잘 한다면, 노인과 아이들을 연계해서
돌봐 줄 수 있는 시스템을 개발할 수 있을 것으로 생각합니다.
이런 시스템은 굳이 새로운 시설을 만들지 않더라도 적은 비용
을 가지고, 한편으로 노인에게는 힘들지 않은 일자리를 제공하
면서, 또 아이들에게는 대가족적 경험을 체득하는 기회를 제공
할 것입니다.

**송성준**  부산시만의 문제는 아니지만 여성의 경제활동이 증대하는 현상의 이면을 보면 비정규직이 상당한 부분을 차지하고 있습니다. 우리나라 전체 비정규직이 50~60%인데 여성노동자가 70% 가까이 됩니다. 비정규직 여성노동자가 갖는 노동조건의 열악함을 부산시 차원에서 해결할 수 있는 방안이 있을까요?

**김석준**  이 문제는 우선 국가 전체적인 차원에서 제도를 바로잡아 가야 한다고 생각합니다. 민주노동당에서는 비정규직 철폐를 위한, 또는 비정규직을 근본적으로 보호하기 위한 여러 가지 법안을 제출해 놓고 있습니다. 당장은 의원의 숫자가 적어 관철시키지 못하고 있지만, 대원칙은 비정규직 철폐입니다. 여성과 남성, 정규직과 비정규직을 떠나 동일노동에 대한 동일임금을 원칙으로 접근해야 차별을 근본적으로 해소할 수 있습니다. 민주노동당은 그동안 쟁점이 되어 왔던 기간제 고용 문제도 특별한 사유가 아닌 한 기간제 고용을 못하게 하고, 파견제도 자체를 원천적으로 금지하는 획기적인 안을 제안하고 있습니다. 이러한 안들이 입법화되는 데에는 다소 시간이 걸리겠지만 비정규직, 특히 절대다수 여성들의 비정규직 차별을 해소하는 노력이 국가 차원에서 이루어져야 합니다.

진보와 대화하기

비정규직 여성노동자가 갖는
노동조건의 열악함을 부산시 차원에서
해결할 수 있는 방안이 있을까요?

**송성준**  지방정부에서 할 수 있는 일은 없을까요?

**김석준**  앞에서는 비정규직 문제는 궁극적으로 전체 국가적인 차원에서 접근하고, 해결해야 한다는 점을 강조했습니다. 지방 정부 차원에서도 이 문제를 해결하기 위해 최우선적으로 노력해야 합니다. 우선은 지방정부에 직간접적으로 고용되어 있는 비정규직을 점차적으로 줄여 가거나 해소하도록 노력해야 합니다. 예를 들어 지자체에서 청소 같은 부분들을 거의 대부분 위탁을 하고 있는데, 위탁업체에 고용되어 있는 노동자 대부분이 비정규직입니다. 최근 연구보고에 따르면 직영으로 하는 것이 서비스의 질도 개선될 뿐만 아니라 비용도 줄일 수 있다고 합니다.

**송성준**  부산시 상황은 어떻습니까?

**김석준**  지금 기초단체에서 대부분 민간위탁을 함으로써 서비스의 질도 떨어지고 끊임없이 분쟁이 일어나고 있습니다. 이런 부분부터 시와 기초단체에서 직영으로 전환해 비정규직을 해소하도록 해야 합니다. 부산에는 교통공사의 매표소 판매원을 비정규직으로 채용했다가 집단 해고한 사례도 있는데, 이처럼 매표원을 없앰으로써 야기된 시민불편이 굉장히 큽니다. 비

정규직화와 구조조정으로 절감되는 비용보다는 무임승차가 늘어나고, 노인들이나 장애우 등의 교통 약자들이 전혀 도움을 받지 못해서 생겨나는 불이익, 불편함이 더 크기 때문에, 공공부분에서부터 비정규직을 줄여 나가기 위해 적극적인 노력을 기울여야 합니다. 그리고 구매와 발주과정에서도 비정규직의 비율이 낮은 기업에 우선순위를 부여하는 방식 등을 통해서 민간부문에서도 점차적으로 비정규직을 줄여 나가도록 선도할 수 있을 것입니다.

**송성준**    지금 부산시에 4급 이상 공무원들을 보면 여성 고위공무원 비율이 5%가 채 안 되는데, 이것을 인위적으로 조정할 수는 없겠지만, 만약에 시장이 되신다면 여성 고위공직자들의 진출확대를 위한 방안이 있으신지요?

**김석준**    민주노동당에서는 여성 30% 할당제를 아주 철저하게 지키고 있습니다. 모든 선출직에 30% 할당을 하고 후보가 없어 할당이 안 되면 공석으로 두는 방식으로 여성할당을 관철시켜 나가고 있습니다. 물론 시장이 된다고 해서 공무원 조직에 일률적인 할당을 적용하기는 쉽지 않을 것입니다. 그러나 여성이 능력이 모자라서가 아니라 우리 사회의 조직문화 때문에 자신의

대졸 남학생에 비해 대졸
여학생의 실업률이 현저하게 높습니다.
이러한 문제를 시 차원에서 해소할 수 있는
방안이 있을까요?

능력을 발휘할 기회를 원천적으로 봉쇄당하고 있기 때문에, 제도적으로 할당을 하기는 힘들더라도 점차적으로 여성간부들의 비율을 높여가기 위한 방안을 구체적으로 마련해 나가겠습니다.

**송성준**　시 차원의 문제는 아닙니다만, 청년실업의 문제가 커다란 사회적 이슈로 제기되고 있는데 특히 대졸 남학생에 비해 대졸 여학생의 실업률이 현저하게 높습니다. 이러한 문제를 시 차원에서 해소할 수 있는 방안이 있을까요?

**김석준**　자신 있게 말씀드리기가 참 어렵습니다. 성별을 떠나 청년실업의 문제가 사회적으로 워낙 심각하기 때문입니다. 국가적으로 청년들이 일할 수 있는 적절한 자리를 만들고, 지역의 취업 회피 업종이나 중소기업에도 취업을 할 수 있도록 시 차원에서 다양한 지원을 해야 한다고 생각합니다. 그리고 대학에서도 여학생들에 대한 취업훈련이나 실무교육을 강화시켜가고 있기 때문에 여성들이 적극적으로 새로운 일자리나 새로운 업종에도 도전할 수 있는 분위기를 형성시켜야 합니다.

**송성준**　사교육비 문제는 역시 학부모들에게 큰 문제인데요. 저출산을 부추기는 한 요인이기도 합니다. 사교육비를 절감하고

부산박사 김석준　　　　　　　　　　　　　　　　　157

공교육의 신뢰성을 회복할 수 있는 시 차원의 정책이 있습니까?

**김석준**　큰 문제입니다. 제가 얼마 전에 교육문제에 관한 논문을 쓰기 위해 자료를 찾아보니까 교육문제는 지역별로 큰 편차가 나지 않고, 거의 비슷비슷한 고민거리를 안고 있었습니다. 행정상으로도 부산시 예산의 거의 절반에 해당하는 큰 예산이 교육청 예산으로 따로 잡혀 있기 때문에 지금의 조건에서는 시장이 지역교육에 대해서 개입할 수 있는 여지가 거의 제한되어 있습니다. 사교육비 문제는 지역의 문제가 아니라 국가적 문제인데 사교육비를 줄이기 위해서는 근본적으로 공교육을 바로 세워야 합니다. 먼저 입시광풍을 일으키는 대학제도를 바꾸지 않고는 백약이 무효입니다. 지금 사교육비 지출이 늘어날 수밖에 없는 것은 자기 자식을 더 좋은 대학 상위 학과로 보내려는 줄 세우기가 심화되고 있기 때문입니다.

**송성준**　구체적인 방안으로 생각해 놓으신 게 있으신지요?

**김석준**　대학서열화를 철폐하는 획기적인 방안들이 모색되어야 합니다. 현실적으로 국공립이 20%밖에 되지 않고 사립이 80%가 넘기 때문에 우선 대학 서열 철폐를 위한 국공립대학 통합네트

# * 국공립대학 통합네트워크

2003년 12월 민주노동당 기관지 〈이론과 실천〉에 발표된 이후 공감대가 급속히 확산되어 민주노동당은 이 방안을 골자로 한 교육공약을 발표했으며, 내용은 다음과 같다.

1〉대학간판 서열을 폐지하기 위해 서울대학교를 포함하여 전국의 국립대학들을 하나의 네트워크로 구성하고, 일정한 수준이 되는 사립대학들을 이 단일 네트워크에 편입한다. 각 지역의 국립대학들은 거점대학을 중심으로 학구별로 통합하고, 각각 몇 개의 캠퍼스로 조직한다. 대학입학정원을 전체 국립대학정원(현재 약 7만 3천 명, 비교적 건실한 사립대가 통합네트워크에 편입되어 준국립이 되는 경우 약 20만 명 예상)으로 하여 계열별(인문사회계와 자연계)로 선발한다(중도탈락을 고려하여 입학정원은 졸업정원의 120~200%로 한다). 다만 서울대는 자체 학부생을 두지 않고 국립대학 통합네트워크에 속한 모든 학생들이 지원에 의해 학부 강의를 수강할 수 있게 한다. 입학자격은 총정원 중 70%는 고교 내신성적으로, 나머지 30%는 대학입학자격시험으로 부여한다. 대학입학자격을 취득한 학생은 선지원 후추첨의 방식으로 각 대학캠퍼스에 배정된다. 학부 과정을 이수한 모든 학생들에게 공통적으로 '국립대학 학사학위'를 수여한다.

2〉학문간 서열을 폐지하고 기초학문을 육성하기 위해 학부와 대학

원의 학과체제를 개편한다. 학부에서는 기초학문을 중심으로 학문과 교육을 편성하고 전문직과 직접 관련이 있는 인기학과(법대, 사범대, 경영대, 의대, 약대, 치대, 한의대, 수의대 등)를 폐지한다. 이들 학과는 전문대학원 체제로 전환한다.

3〉 국립대학 통합네트워크는 단계적으로 등록금을 인하하여 무상교육으로 전환한다. 대학의 공교육체제로의 전환이라는 원칙에 따라 사립대학을 국립대로 전환하거나 편입을 유도한다. 사립대학의 국립으로의 전환이나 편입은 강제적인 조치가 아니라 국립대학 네트워크에 대한 국가의 대폭적인 재정적, 제도적 지원으로 가능할 것이다. 현재 거의 대부분의 사립대학들에게 운영의 자율권을 주는 대신에 신입생 선발에서 국립대학 네트워크에 편입되는 조건으로 국고 지원을 하고 전문대학원의 정원 배정에 참여시키면 대부분의 사립대학들을 편입시키는 것은 어려운 일이 아니다.

■ 이 개혁안이 실현되면 얻는 효과
1〉 무한 입시경쟁에서 자격시험의 당락으로 경쟁이 제한될 것이므로 입시위주의 교육이 지양됨으로써 중등교육이 정상화될 것이다.
2〉 서열에 의한 대학평가가 교육 내용과 질에 의한 평가로 대체될

진보와 대화하기

것이므로 대학교육경쟁력이 현저히 강화될 것이다.

3) 대학졸업장 자체가 평가의 기준이 되지 않을 것이므로 우리 사회의 고질병 중의 하나인 학벌주의가 타파되고 능력에 의해 평가되는 사회가 될 것이다.

4) 국립대학 통합네트워크의 핵심 축이 지방에 소재하는 거점 국립대학들이 될 것이므로 교육인구로 인한 인구의 수도권 집중이 해소되고 지역 균형발전에 도움이 될 것이다.

5) 모든 수험생들을 일렬로 세우는 무한입시경쟁이 자격시험 당락으로 대체될 것이기 때문에 경쟁이 현저히 줄어들어 사교육의 필요성이 극히 제한될 것이다.

6) 노동시장에 지나치게 종속되어 있는 대학교육이 학문을 목적으로 하는 본연의 기능으로 정상화될 것이다.

7) 가난한 사람들에게 동등한 교육기회를 제공함으로써 사회정의가 실현되는 데 기여할 것이다.

교육청에서 운영하는 e-school을 통해
누구나 쉽게 접근할 수 있다고 하지만 정작
인터넷에 접속할 수 없는 아이들도 많습니다.


워크*를 추진해 가야 합니다. 국공립대학만이라도 전국적인 모집, 전국적인 교육을 통해서 서열을 해소해 나가면, 이 틀 속에 사립도 점점 흡수되어 서열이 철폐되고, 공교육이 바로 세워질 수 있습니다. 그럴 때에만 과잉 지출되는 사교육비 부담도 줄어들 것입니다.

**송성준** 대학의 서열화를 막기 위한 국공립대학 통합네트워크라는 것이 파리의 국립대학 시스템이 모델이 될 수 있습니까?

**김석준** 네, 그렇습니다. 프랑스의 대학은 95%가 국립 내지는 공립입니다. 그리고 수평적으로 특성화되어 있어 서열 자체가 존재하지 않습니다. 우리도 80%에 이르는 사립의 비율을 줄여 나가면서 통합네트워크화시켜 나간다면 현재의 위기를 극복할 수 있다고 생각합니다.

**송성준** 그런데 그런 것은 너무 장기적인 과제일 것 같은데... 지금 당장의 현실을 감안하면, 어떠한 정책들을 우선 시행하시겠습니까?

**김석준** 그렇습니다. 대학서열철폐는 장기적인 과제입니다.

진보와 대화하기

우선 시장으로서 할 수 있는 일은 돈이 없어서 교육기회의 차등을 받고 있는 저소득층 자녀에게 교육기회의 불리함을 해소할 수 있는 방안을 찾아내야 할 것입니다. 교육청에서 운영하는 e-school을 통해 누구나 쉽게 접근할 수 있다고 하지만 정작 인터넷에 접속할 수 없는 아이들도 많습니다. 그래서 이런 부분을 지역단위의 시민단체나 민간과 협력해서 저소득층 자녀들의 방과 후 학습을 지원할 수 있는 교실을 적극적으로 만들고, 거기에 최소한의 지원이라도 할 수 있도록 교육청과 같이 힘을 모아가는 노력이 필요합니다.

**송성준**   경기도의 경우에 영어마을을 만들어서 유학을 가지 않더라도 영어를 배울 수 있는 영어교육프로그램을 마련했는데, 벌써 2만 명 이상이 다녀가고 일본에서도 견학을 오는 시설로 자리 잡았다고 합니다. 지자체에서 이러한 프로그램을 운영하는 것에 대해서 어떻게 생각하십니까?

**김석준**   부산에서도 개성중학교를 영어학교로 만들었는데, 하나의 모델로서 시도해 볼 필요는 있겠지만 근본적인 해결 방식이라고 생각하지는 않습니다. 다양한 요구를 가지고 있는 아이들에게 다양한 선택권을 보장하는 것도 필요하지만, 기회를 같

**저소득층 자녀들이 모여서 학습할 수 있는
지역 공부방에 대한
체계적인 지원이 필요합니다.**

이 주더라도 출발선이 다른 저소득층의 아이들에게 상대적인 불리함을 줄여줄 수 있는 사업들을 시에서 적극적으로 추진해 나가야 한다고 생각합니다.

**송성준**  좀 더 구체적인 방안이 있다면요?

**김석준**  저소득층 자녀들이 모여서 학습할 수 있는 지역 공부방에 대한 체계적인 지원이 필요합니다. 자원봉사자가 중심이 된 사설 공부방은 여러 군데 있기는 하지만 지원이 없는 상태에서 자력으로 운영을 하고 있어 지속적이지도 못하고 내용도 빈약해서 교육적으로는 큰 효과를 거두지 못하는 경우가 많습니다. 이러한 지역 공부방을 민간을 기초로 하면서도 재정적 지원을 통해 효과적으로 운영할 수 있는 방법을 찾을 수 있습니다. 그리고 청소년 복지관이나 도서관 시설 등의 공간을 활용해서 저소득층 학생들에게 보충학습을 받을 수 있는 기회를 제공하는 것도 큰 예산을 들이지 않고서도 시행할 수 있는 방안이라 생각합니다.

진보와 대화하기

# 부산은 아기를 원한다
## 출산율 0.95명··· 10년째 전국 최저

결혼 안 하고 아이 낳기를 꺼리는 '특수사례'가 오늘날 부산의 현실이다. 부산은 국내 시도에서 10년째 출산율이 가장 낮은 도시다. 출산율은 0.96명(2002)→0.98명(2003년)→0.95명(2004년)으로 계속 낮아지고 있다. 부부가 자녀를 겨우 1.16명만 낳아 국가적으로 저출산 비상이 걸렸지만 부산은 이미 2002년부터 부부가 한 명도 채 안 낳는다. 한해 새로 태어나는 아이 숫자도 인구 1000명당 7.6명으로 전국 최저다. 서울(9.7명)보다도 더 낮다.

부산이 왜 아이를 낳지 않는 도시로 변했을까. 학계조차 지금껏 문제의식을 갖고 조사를 제대로 해본 적이 없다고 전문가들은 말한다. 굳이 분석하자면 부산의 결혼 연령이 남자 30.6세, 여자 27.9세로 서울(남자 30.9세, 여자 28.3세)에 이어 두 번째로 높은 만혼 현상을 꼽을 수 있다. 가구별 연간 소득(2726만원)이 7대 광역시 중 최하인 점, 실업률이 1990년대 가장 높았다는 점도 '아이 없는 부산'을 설명하는 요인이 되고 있다.

전국 최저 출산율을 기록한 10년 사이 부산은 어떤 대책을 마련했을까. 저출산 문제가 전국적 이슈로 떠오른 작년 3월에서야 부산시는 민간전문가들과 공무원들을 모아 회의를 열었다. 여기서 출산장려금과 보육료 지원 방안을 마련했다. 둘째아이는 30만원, 셋째아이는 50만원을 지급한다는 계획이었다. 그러나 예산 부족으로 장려금 지급계획은 '없었던 일'이 되어버렸고 "왜 (공언해 놓고) 안 주느냐"는 시민들의 항의에 망신만 톡톡히 당했다.

부산시가 그나마 올해 내놓은 대책이 셋째아이에게 월 10만원씩 출산장려금을 지급하고 보육료는 생후 2년 이하 둘째자녀에게 월 10만원씩 확대 지원한다는 내용이다. 정부에서 추진하는 보육료 외에 자체 예산으로 책정한 저출산 대책비는 고작 12억원이다.

조선일보 2006년 2월 2일

# 시민으로서 누릴 수 있는
# 최소한의 권리 보장

**사회복지 문제에 대하여...**

**송성준**　허남식 시장의 공약사항이기도 합니다만, 올해 부산시 사회복지예산을 20% 확보하겠다고 발표했는데, 시민사회단체에서는 반발하고 있습니다. 여성부 공무원 인건비도 복지예산으로 잡혀 있는 등 부풀리기가 많다는 이야기인데, 민주노동당에서는 부산시의 복지예산을 어느 정도까지 높일 수 있겠습니까?

**김석준**　이것은 4년 전에 제가 제시했던 주요 정책공약의 하나입니다. 그 당시로는 복지예산이 12%정도였는데 제가 20% 수준으로 늘여야 한다고 주장했습니다. 지금 시에서는 20% 목표를 달성했다는 것을 보여주려고 수치를 짜 맞추려 하고 있습니다. 시민단체에서 예산을 면밀히 분석해 보니 실제로는 17%가 조금 넘은 수준이라고 합니다.

**송성준**　그런가요?

**김석준**　네. 복지 예산은 많으면 많을수록 좋겠지만 지금 시의 재정규모를 볼 때 최소한 20%는 되어야 한다는 것입니다. 앞으로 여건이 개선되면 복지 예산은 30%까지도 늘여 가야 합니다. 서구 복지국가에서는 30% 이상이 복지비로 나가고 있는 것이

　　　　　　　　　　　　　진보와 대화하기

현실입니다. 당장 그 정도는 힘들더라도 최소한 20% 이상은 반드시 실현해야 합니다. 문제는 예산을 어떻게 마련하는가에 있는데, 부산시 예산을 보면 경제개발비 비중이 굉장히 큽니다. 그 중 대부분이 도로 건설에 들어가고 있습니다. 이중에는 연말마다 길을 팠다가 덮었다가 하는 낭비적이고 관행적인 지출이 적지 않습니다. 얼마 전에 지적이 되었던 부분입니다만, 예산이 모자란다고 하면서도 5조 예산 가운데 7천억 가까이를 불용으로 처리하고 있습니다. 이는 예산 계획 자체가 그만큼 엉성하게 짜여 있고, 집행도 책임 있게 이루어지고 있지 않다는 반증입니다. 예산을 제대로 점검해서 재편성한다면 복지에 관한 지출은 충분히 늘여갈 수 있습니다.

**송성준** 노인복지 문제도 아주 심각한 문제 중에 하나인데요. 정부에서는 노인장기요양공제를 도입해서 2007년부터 사업을 추진하는 것으로 되어 있습니다. 하지만 부산의 노인전문병원, 요양시설은 양과 질적인 면에서 굉장히 열악합니다. 특히 저소득층과 일반노인들을 위한 시설도 부족한 실정인데, 이에 대한 대책이 있으신지요?

**김석준** 부산시에서 노인전문병원이라고 만들어 놓았지만 비

아주 고급화된 시설을 제공하는 것보다
시민으로서 최소한의 보호를 받을 수 있는
요양시설이 필요합니다.

용이 최소한 한 달에 80만 원에서 백여 만 원씩 들어가기 때문에
저소득층 노인으로서는 그야말로 그림의 떡이 될 수밖에 없는
현실입니다. 전문 병원도 중요하지만 노인들을 위한 요양병원,
요양시설을 확보하는 것이 더 시급합니다. 요사이 의료시장의
경쟁이 치열해지면서 경영난에 몰려 문을 닫거나 부도가 나는
중소병원들이 적지 않습니다. 이런 병원들을 시에서 예산을 투
입해서 공영화할 필요가 있습니다. 특별히 따로 전문병원을 두
기보다 이런 중소병원을 인수해서 요양 병원화하면 적은 인력,
적은 시설과 비용을 가지고도 잘 활용할 수 있다고 생각합니다.

**송성준**　지금 시립의료원이 공공의료 역할을 하고 있지 않습
니까?

**김석준**　그렇지 않습니다. 현재의 의료수요로 볼 때 시립의료
원 하나로 공공의료기관으로서의 역할을 다하기 어렵습니다. 제
2시립의료원을 사하 쪽이나, 서부산 지역에 설립할 필요가 있습
니다. 그리고 마약이나 결핵, 행려병, 앞으로 점점 요구가 높아
질 전염병을 전문적으로 보호하고 격리, 치료하는 특화된 공공
의료기관이 필요합니다. 그래서 이런 사업을 위한 예산확보 방
안도 고민하고 있습니다.

　　　　　　　　　　　　　　　　　　　진보와 대화하기

**송성준**　이와 관련해서 치매나 중증장애 노인들의 경우 개별 가정을 파괴시킬 정도로 심각한 문제가 되고 있고, 가정의 여성 노동력에만 의존하는 경우가 많은데 이를 해결할 방법으로는 뭐가 있을까요?

**김석준**　일자리 창출이라는 측면에서도 간병인이나 가사 도우미를 적극적으로 활용할 필요가 있습니다. 치매와 같은 노인병을 갖고 있지만 보호받지 못하고 있는 사람들을 요양시설과 간병인을 제공해서 제대로 보호해 줄 수 있도록 하는 사회적 노력이 필요하다고 생각합니다. 경제력을 잃은 노인일지라도 그동안 사회를 위해 나름대로 충분한 역할을 했기 때문에 당연히 사회적으로 보호받아야 하고 늙어도 품위 있게 늙을 수 있는 조건을 확보해야 합니다. 아주 고급화된 시설을 제공하는 것보다 시민으로서 최소한의 보호를 받을 수 있는 요양시설이 필요합니다. 앞에서 말씀드린 대로 어려운 중소병원을 활용해서 치매나 중증 노인성 장애를 가지고 있는 분들을 보호하는 시설로 활용하는 방안들을 적극 검토하겠습니다.

**송성준**　복지예산을 많이 확보하는 것도 중요하지만 확보한 예산을 가지고 효율적으로 지출되고 검증하는 체계도 중요하다

고 생각합니다. 많은 복지시설이 난립되어 있지만 효율적 운영
이 되지 않아 여러 가지 문제가 발생하고 있습니다. 합리적인 검
증체계를 갖추어야 한다고 보시지는 않는지요?

**김석준** 부산 인구 중 7.3%가 노인인데 복지예산 가운데 노인
에게 쓰이는 예산은 그 반도 안 됩니다. 우선은 예산 편성 자체
가 요구에 맞게 짜여져야 하고, 그 예산이 실제로 어떻게 집행되
고 있는가를 추적하고 점검하는 시스템도 보완되어야 합니다.
이를 위해 시급한 것 중에 하나는 복지사의 확충입니다. 부산의
경우 복지사 한 사람당 270명 정도를 맡아서 관리하고 있는데,
이래서는 서비스의 질이 떨어질 수밖에 없습니다. 일 년에 한 사
람도 제대로 만나기 어려운 구조이기 때문입니다. 공공영역에서
일자리를 창출한다는 의미에서도 복지사를 확충하는 문제가 굉
장히 시급하다고 봅니다. 복지업무를 담당할 수 있는 사람을 확
충하고 나면, 이 사람들이 예산을 제대로 쓰고 있는지 예산이 누
수 되고 있는지 또 어떤 부분을 더 보완해야 될 건지를 현장에서
점검할 수 있습니다. 예산자체도 중요하지만 그것을 제대로 쓸
수 있도록 하는 사람들을 확보하는 것도 중요합니다.

**송성준** 앞에서 노인들의 일자리 창출에 대해서 몇 가지 지적
을 하셨는데요. 노인들의 일자리 창출과 관련해서 좀 더 구체적

진보와 대화하기

으로 말씀해 주시면……

**김석준**  현재 환경감시나 관광안내 같은 부분에 은퇴한 노인들이 활약하고 계십니다. 이것을 자원봉사 수준으로 맡겨서는 곤란하고요, 이런 활동에 대해 최소한의 경제적 지원들을 해 나가는 방식으로 노인들이 만족감도 느끼면서 경제적 도움도 받을 수 있는 제도를 만들어 갈 수 있다고 생각합니다. 풀타임 형태의 일자리를 만드는 것은 현실적으로 쉽지 않겠지만 공공부문에서 노인들의 조건과 능력에 부합하는 일자리를 만들어 내는 것이 필요하다고 생각합니다.

**송성준**  65세 이상 노인들에게 일률적으로 주어지는 교통수당이 있습니다. 일부에서는 소득수준을 고려해야 된다는 지적도 있습니다만?

**김석준**  저는 두 가지 측면이 있다고 봅니다. 노인수당이 좀 더 확대되면 교통수당은 차등적으로 지급해도 된다고 생각합니다. 교통수당은 어떻게 보면 부유한 노인들에게는 필요하지 않는 게 아닌가 생각할 수도 있지만, 노인들로서는 사회적으로 보장받은 중요한 권리이기 때문에 노인연금이 제대로 지급되지 않

는 현실에서 이것을 일방적으로 폐지시키는 것은 바람직하지 않다고 생각합니다. 노인연금이 더 확충되는 과정에서는 소득수준을 고려할 수 있겠지만 현재의 교통수당을 최저수준의 노인연금의 형태로 본다면 당장 차별을 두거나 폐지하는 것은 무리라고 봅니다.

진보와 대화하기

# 부산역에서 월평까지 걸어가다

### 교통 문제에 대하여...

**송성준** 지하철 관리권이 부산시로 이전이 되었습니다. 부산시가 4천억의 적자분을 안게 되었는데, 적자분 해소를 위해서 시에서는 인력을 보다 효율적으로 사용하자고 주장하고 있습니다. 인력 재배치와 요금인상을 대안으로 삼고 있는데, 정작 노조에서는 인력충원을 요구하고 있습니다. 이를 합리적으로 조정하실 방안이 있으신지요?

**김석준** 참 어려운 문제입니다. 4천억이라고 말씀하신 부분은 적자분이라기 보다는 부채인데요. 부산시가 부채를 4,736억 원 인수하게 되었고, 운영에서도 매년 500억 원 내외의 적자가 나고 있어 심각한 재정 부담을 안게 되었습니다. 부산시에서는 첫 단추부터 잘못 끼웠다고 생각을 합니다. 교통공사 출범식에 앞서서 교통공사 설립과 관련된 문제점을 제기하는 기자회견에서 시민사회단체들도 지적했듯이 부채도 많이 떠안고 운영적자도 일상적으로 발생하는 이런 어려운 공기업을 운영할 중요한 임원인 사장과 부사장, 경영본부장, 건설본부장 그리고 감사를 전부 공무원 또는 한나라당 시의원으로 일거에 바꾸어 버렸습니다. 어려운 기업일수록 전문경영인이 책임 있게 운영해야 해결의 돌파구가 만들어 질 텐데, 이처럼 터무니없는 낙하산 인사를 하는 것을 보면 부산시가 처음부터 교통공사의 어려운 경영난을 해소

눈먼 돈 빼먹기라고 이야기할 정도로
방만하게 운영되고 있는 교통공사에
낙하산 인사로는 아무런 해결책도
찾을 수 없을 것입니다

할 의지가 있는지 의심을 하지 않을 수 없습니다. 잘못 끼워진 첫 단추부터 풀고 새로 시작해야 한다고 생각합니다. 공기업임원 추천위원회도 적법한 절차를 제대로 거치지 않았다고 생각합니다. 그래서 지금이라도 전문경영인을 영입해서 정말 엄격한 경영진단과 합리적인 대책을 모색해야 된다고 봅니다.

**송성준** 교통공사에서도 나름대로의 경영합리화를 추진하고 있는 것으로 알고 있는데요?

**김석준** 교통공사에서 하려고 하는 경영합리화는 결국 감원에 초점을 맞추고 있습니다. 그런데, 많은 연구자들이 지적하고 있듯이 부산교통공사의 경우에는 인원구조 자체가 비정상적입니다. 실제 현업에 종사하는 사람들은 숫자가 적고 상대적으로 중간관리자 이상의 사람들이 과잉 상태입니다. 이런 현상이 교통공사 운영의 핵심적인 문제점인데도 불구하고, 끊임없이 현업에 종사하는 사람들만 감원을 하고, 특정부문을 민간에 위탁하여 구조조정을 하고 있습니다. 이로 인해 지하철은 서비스의 질도 떨어지고 안전문제도 끊임없이 제기되면서 시민들의 외면을 받고 있습니다. 현재 3호선까지 일부 개통이 되었습니다만, 지하철 분담률은 높아지지 않고 있습니다. 그 이유는 결국 노선 설계도

부적절했고, 사람들을 끌어들일 매력이 없기 때문입니다. 이런 부분을 총체적으로 진단해서 해결할 수 있는 전문경영인의 영입이 첫 단추인 것입니다.

**송성준**  또 다른 방법이 있다면요?

**김석준**  현장을 가장 잘 아는 노동조합의 의사결정 참여가 필요합니다. 현장의 이야기를 들어보면 관급공사의 관행 때문에 끊임없이 이전에 했던 것보다 더 높은 액수로 계약하고, 또 끊임없이 계약을 수정하다 보면 실제로 드는 비용보다 몇 배가 커지고, 이것이 다 시민부담으로 간다고 합니다. 현장의 상황을 정확하게 인식하고 투명하게 집행만 한다면, 현재의 절반 이하로 경비를 줄이는 것도 가능하다고 합니다. 그럼에도 불구하고 여전히 관행과 누수현상 때문에 방만한 경영이 되고 있습니다.

구조개혁을 하는 과정에서도 탑-다운(top-down) 방식이 아니라 바텀-업(bottom-up) 방식으로, 현장에서부터 요구를 수렴하고 개선책을 찾아내는 방식으로 추진한다면 정말 획기적인 개선책이 나올 수 있을 것입니다. 눈먼 돈 빼먹기라고 이야기할 정도로 방만하게 운영되고 있는 교통공사에 낙하산 인사로는 아무런 해결책도 찾을 수 없을 것입니다.

**송성준**  노조에서 65세 이상의 무임승차자가 큰 폭으로 늘어
나 연간 200억 수준에 이르고 있다고 하면서 정부에서 정책적으
로 일반 행정에 드는 비용을 부담하라고 하는데, 이 부분에 대해
서는 어떻게 생각하십니까?

**김석준**  실제로 정부에서 그렇게 해 줄 수 있는 여건이 되면
참 좋겠다는 생각이 듭니다. 그런데 꼼꼼히 짚어 봐야 할 문제는
애초에 무임승차 비율이 14% 정도 되었는데, 매표소 직원을 철
수시키고, 매표소를 폐쇄하고 난 뒤에 무임승차 비율이 19% 정
도로 늘어났다는 사실입니다. 갑자기 5% 정도가 늘어난 것입니
다. 우선은 65세 이상의 무임승차 문제를 차치하고라도 매표소
를 철수하고 난 뒤에 생긴 무임승차 분은 앞으로도 계속 늘어날
것으로 보입니다. 그래서 이 부분이라도 제대로 줄여 나가고자
한다면, 단순히 부정무임승차를 막기 위해서뿐만 아니라 지하철
안전을 위해서도 인원충원은 절대적으로 필요하다고 생각합니
다. 그리고 65세 이상 무임승차 분은 교통수당 문제와도 연동해
서 같이 풀어 나가야 될 것 같습니다. 정부차원에서 노인복지 예
산을 늘릴 때 중앙정부로부터 부담을 요구할 수는 있지만, 지하
철이 있는 도시가 몇 군데 되지 않기 때문에 복잡한 문제가 있습
니다. 전체적으로 노인복지에 대한 지원을 늘려 가는 과정에서

해결하는 다른 방안을 찾아야 하지 않을까 생각합니다.

**송성준**　지하철과 버스는 서민들의 발입니다. 양대 축인데, 해마다 요금이 인상되는 구조를 가지고 있습니다. 가장 손쉽게 적자를 메울 수 있는 방안이긴 하지만, 4인 가족을 기준으로 볼 때 서민에게 적지 않은 부담을 안겨 주고 있습니다. 지하철이나 버스 같은 대중교통의 버스요금체계에 대해 용역자체에 대한 객관성도 많은 의문이 제기되고 있고, 심지어는 시의 교통정책 담당자와 버스회사의 결탁의혹까지 제기되고 있는데 대중교통의 요금체계에 대한 검증이 필요하지 않을까요?

**김석준**　버스기사들 이야기를 들어보면 시민단체에서 요금 인상 전에 실사를 위해서 계측을 하는데 실제적인 효과는 없다고 합니다. 왜냐하면 얼마든지 눈을 속일 수 있다는 것입니다. 예를 들어서 계측요원이 타면 그 차에 사람들을 가장 적게 타게 만들기 위해서 앞차가 늦게까지 기다리다가 출발하고 뒤차가 바로 따라오는 식으로 계측 자체를 부정확하게 만드는 노하우들이 다양하게 준비되어 있다는 겁니다. 이런 부분들은 작은 부분일 수 있지만 요금체계가 합리적으로 산정되고 있지 않다는 의심을 많은 사람들이 하고 있습니다. 어쨌든 대중교통이라고 하지만 이

남이 하니까 따라가는 것이 아니라
정말 부산의 도로여건, 교통여건에 적절한 방안들을
책임 있게 준비해야 합니다.

용하기 불편하고 환승하기도 불편하고, 또 환승을 하더라도 별로 할인이 안 되기 때문에 차라리 승용차를 이용하는 것이 속편하다는 것입니다. 부산의 경우 용역 연구결과를 보면 지금과 같은 체제에서는 승용차를 타는 게 가장 빠르고 경제성도 있기 때문에 대중교통으로 사람들을 흡수하기 어렵다는 결론이 나와 있습니다.

**송성준**　대중교통 이용률을 높이는 방법이 필요하겠군요.

**김석준**　그렇습니다. 버스나 지하철의 경쟁력이 자가용보다 떨어지고 있기 때문에, 한편에서는 자가용 이용을 제한할 수 있는 수요관리를 해야 되고, 다른 한편에서는 보다 기본적으로는 버스나 지하철을 타기 편하고 저렴하게 만들어야 합니다. 서울의 사례를 보면 환승 체계를 도입하면서 대중교통 이용률이 10%가 늘었다고 합니다. 부산도 그런 방식으로 대중교통을 싸고 편하게 이용할 수 있는 획기적인 개선책이 나와야 됩니다. 그래야 자가용보다 대중교통을 이용하는 수요가 늘 수 있습니다. 그런데 시에서는 7월 1일부터 준공영제를 실시한다고 하는데, 올해 예산을 보면 준공영제를 위한 예산으로 1억 5천만 원만 책정해 놓고 있습니다. 이것은 준공영제를 위한 용역만 주겠다는 의미

입니다. 다시 말하면 준공영제를 위한 준비가 전혀 되어 있지 않다는 겁니다. 그럼에도 불구하고 7월 1일부터 실시하겠다고 하고 있으니 어떤 도깨비 방망이가 나올지 모르겠습니다. 서울의 경우 준공영제 실시를 위해서 10년간 준비를 했습니다. 남이 하니까 따라가는 것이 아니라 정말 부산의 도로여건, 교통여건에 적절한 방안들을 책임 있게 준비해야 합니다.

**송성준**  그리고 서민의 입장에서 볼 때는 지하철과 버스의 노선문제가 조정이 잘 되지 않고 있는데요, 조정이 어려운 이유가 무엇이라고 보십니까?

**김석준**  솔직하게 이야기 하자면 버스업자들이 부산에서 가장 큰 로비스트들이죠. 부산에는 황금노선이 몇 개 있습니다. 이 노선들은 대부분 아주 길고 이중에 상당 부분이 지하철과 겹칩니다. 지하철과 버스가 상호 보완하는 것이 아니고, 경쟁하고 있기 때문에 서로 시너지 효과를 내지 못하고 있습니다. 그런데 노선 조정권은 시가 가지고 있기 때문에, 교통체계 전반에 대한 체계적인 조사를 통해서 노선을 획기적으로 바꿔야 합니다. 그래서 교통의 주축은 지하철로 하고, 버스는 환승 시스템을 최대한 활용하도록 하고, 마을버스까지 시에서 책임 있게 관리하는 체계

로 가야 합니다. 이런 획기적 처방을 실행하지 못하는 가장 큰
이유는 버스업자들의 압력이나 로비 때문이라고 생각을 합니다.
실제로 부산시의 교통국장 상당수가 뇌물수수로 감옥에 갔습니
다. 오랜 유착 관계로부터 자유로운 시민단체의 참여를 적극적
으로 보장하고, 시민들의 의사를 광범위하게 수렴해서 체계적이
고 과학적인 시스템을 만들어야 교통문제를 획기적으로 해결할
수 있습니다.

**송성준**  택시업계의 경우 업계에서는 요금을 올려 달라는 주
장이고 기사들은 손님 떨어진다고 반대를 하고 있는 입장입니
다. 개인용 택시 허가를 받는 것이 영업용 기사들의 가장 큰 목
표인데 이마저 하늘의 별 따기 입니다. 특히 영업용 기사들은 장
시간 노동을 하면서도 저임금에 시달리고 있는데 어떤 해결책이
있겠습니까?

**김석준**  우선 택시 숫자가 너무 많은 것 같습니다. 개인택시가
만 3천 대, 법인택시가 만 2~3천 대에 이르다 보니 공급 과잉 상
태가 구조화되었습니다. 그 결과 택시업자만 돈을 벌고 택시기
사들은 장시간 노동에 시달려도 생계비도 제대로 보장받지 못하
는 체계가 되었습니다. 1월 1일부터 법인택시는 10부제에서 6부

제로, 개인택시는 4부제에서 3부제로 부제가 바뀌었습니다. 이 과정에서 택시업자들의 반발이 만만치 않아 결국은 사납금 인상으로 절충이 되었는데 개인택시들의 반발 등으로 제대로 정착될지는 의문스럽습니다. 이 문제를 푸는 방법 중의 하나로 제대로 된 택시월급제 도입을 적극 검토해야 합니다.

**송성준**  사납금제는 무엇이 가장 큰 문제인가요?

**김석준**  현재의 사납금제 형태로 해서는 결국 택시회사만 득이 될 뿐이고 서비스의 질은 악화되고 기사들은 장시간 노동을 강요당하는 구조밖에 되지 않기 때문에, 택시월급제를 도입하면서 적절한 택시 대수를 유지해야 합니다. 개인택시가 계속 늘어나는 것은 개인택시를 전매할 수 있는 권한을 부여하여 그 자체가 재산권화되고 있기 때문입니다. 다소 어려움이 따르더라도 개인택시 전매를 제한해야 합니다. 예를 들어서 연한이 다 차서 은퇴하는 개인택시는 반납하도록 해야 합니다. 전매를 제한하고 택시 숫자도 줄여 나가는 방향 속에서 월급제를 도입하고, 일정한 소득을 보장하는 구조를 만들어야 합니다.

**송성준**  부산이 특별히 어렵습니까?

 제가 걸어 본 바로는 명륜 지하철역에서
동래 지하철역까지가 걷기에 적합하게
비교적 잘 가꾸어져 있었습니다.


**김석준**  부산의 경우에는 다른 도시와 달리 택시의 수송전담
률이 굉장히 높습니다. 실제로 지하철보다 오히려 더 높죠. 버스
와 지하철의 연계망을 잘 갖추어서 가까이에서 편하게 이용할
수 있는 조건이 되면 택시를 좀 더 고급화하는, 그래서 대중교통
이라기보다는 필요로 하는 사람에게 보다 질 높은 서비스를 제
공하는 시스템으로 만들어 나가야 합니다.

**송성준**  현재는 개인택시의 전매권이 허용된 상태인데 개인택
시 업계의 반발을 어떻게 무마할 수 있을까요?

**김석준**  그것이 쉽지는 않을 것 같습니다. 그러나 그렇게 하지
않고서는 해결할 방법이 없기 때문에 전매를 제한하고, 자연 소
멸되는 부분에 대해서는 더 이상 증원하지 않는 방법을 통해서
시간이 걸리더라도 줄여갈 수밖에 없다고 생각합니다.

**송성준**  마지막으로 교통문제와 관련해서 보행권 문제를 짚고
넘어가야 될 것 같은데요. 부산의 도로 사정이 굉장히 열악하다
보니까 그 피해가 시민들의 보행권에도 영향을 미치고 있습니
다. 시민들의 보행권을 어떤 식으로 보장할 수 있을까요?

진보와 대화하기

**김석준**   제가 지난 6월 1일 사립학교법 개정을 요구하는 교수
들의 전국 1,000km 대장정의 일환으로 부산역에서 출발해서 월
평까지 36km 가량 걸어가 봤는데, 실제 걸어 보니까 엄청 걷기
불편해요. 우선은 보도가 확보된 데가 별로 없고 보도가 만들어
진 곳도 가로수가 막고 있거나 온갖 장애물들 때문에 정말 걷기
힘들다는 것을 뼈저리게 절감을 했습니다.

**송성준**   그리고 곳곳에 주차도 되어 있죠?

**김석준**   그렇죠. 주차는 말할 것도 없고 장애물들이 너무 많았
습니다. 걷기 좋은 도시를 만들어야 한다고 다들 쉽게 이야기하
지만 적극적인 의지가 없으면 실행하기가 정말 어렵겠다는 생각
을 했습니다. 우선 그나마 만들어서 확보된 보도의 경우 철저히
보존해야 되고, 도로체계가 차 중심이 아니라 교통약자인 걷는
사람 중심으로 바뀌어야 합니다. 걷기 좋은 도시 만들기를 위한
예산이 실제로는 형편없이 적게 책정되어 있어요. 이건 생색내
기에 불과하다고 생각될 정도입니다. 도시의 장래를 위해서 걷
기 좋은 도시를 만드는 것은 반드시 필요하기 때문에 적극적인
예산 투입을 통해서 도심에서부터라도 걷는 문화를 만들어 가야
합니다. 제가 걸어 본 바로는 명륜 지하철역에서 동래 지하철역

까지가 걷기에 적합하게 비교적 잘 가꾸어져 있었습니다. 도심 도로가 그 정도만 되면 사람들이 굳이 자가용을 이용하지 않고 지하철 타고 걸어 다녀도 되겠다는 인식의 전환을 하게 될 것이라고 생각합니다.

# 발상의 전환이 필요하다

### 노동 문제에 대하여

**송성준**　현재 노동문제의 핵심 현안이 비정규직 문제입니다. 비정규직 노동자의 비율이 지나치게 높다는 것이 광범위하게 노동착취가 이루어지고 있다는 것이기도 하지만, 기업의 입장에서는 효율성과 수익구조의 개선을 위해 불가피한 선택이라고 합니다. 민주노동당의 비정규직 차별제한 입법안에 대해 기업의 극심한 반발이 예상되는데, 이러한 반발을 어떤 식으로 연착륙시킬 수 있겠습니까?

**김석준**　우리나라 전체를 보더라도 기업에서 인건비 비율이 10%가 조금 넘는 수준입니다. 기업의 비용 측면에서 볼 때 인건비가 차지하는 비율이 그렇게 크지 않습니다. 기업의 경쟁력이 임금을 적게 주거나, 노동자를 비정규직화해서 강화된다고 보지는 않습니다. 이런 방식보다는 기술 혁신을 통해서 또는 노동력의 질을 높이는 방법을 통해서 경쟁력을 높여 가고, 좋은 인력을 써서 경쟁력을 높여 가는 것이 장기적으로 기업에도 도움이 되는 방식이라고 생각합니다.

**송성준**　또 다른 방법은 없을까요?

**김석준**　독일처럼 한계기업들은 과감히 정리해야 합니다. 독

일의 경우 노동력이 투입되는 것이 우리처럼 기업별이 아니고 산업별로 되어 있기 때문에 최저임금도 줄 수 없는 한계기업들은 노조에서 요구해서 정리하도록 합니다. 그리고 거기서 실직한 인력들은 기업과 정부와 노조에서 만든 기금을 통해서 직업 훈련을 하고, 다른 일자리가 생길 때 우선적으로 투입합니다. 이렇게 사회적인 협약이 맺어지면 이러한 시도가 가능합니다.

우리의 경우 산업별 노조를 건설하기 위해 노력을 하고 있지만 아직 완전한 산업별 체계에 이르지 못하고 있습니다. 여하튼 기업이 당장은 비용이 많이 드니까 반발할지도 모르지만, 쉽게 대체가능한 인력에서 높은 생산성을 기대하기 어렵기 때문에 장기적으로 볼 때 발상의 전환이 필요합니다. 앞에서 말씀드렸듯이 비정규직을 줄여 가는데 지방정부에서 할 수 있는 부분은 최대한 지원해서 기업문화를 바꾸어 갈 필요가 있습니다.

**송성준**　제가 일부 중소기업을 운영하는 분들을 만나서 이야기를 들어 보니까, 비정규직으로 아웃소싱해서 드는 비용이나 정규직을 직접 고용해서 드는 비용이나 비용 측면에서 인건비 부분은 거의 차이가 없다는 겁니다. 그럼에도 불구하고 비정규직을 쓰는 이유는 과격한 노조운동 때문이라고 합니다. 노조에 대한 두려움 때문에 비정규직을 쓴다는 주장에 대해서 어떻게

그럼에도 불구하고 비정규직을 쓰는 이유는
과격한 노조운동 때문이라고 합니다.

생각하시는지요?

**김석준**  그렇게 타당한 주장이라고 생각하지 않습니다. 제가 최근 자료를 보니까 10년 전에 비해서 부산지역 노동조합원 수가 반으로 줄었습니다. 10년 전에는 15만 명이 넘었는데, 지금 노조에 가입되어 있는 조합원은 민주노총과 한국노총 합쳐서 7만 5천밖에 안 됩니다. 통계를 보면 부산에서 고용되어서 일하는 사람이 100만 명이 넘습니다. 그중에 노동조합에 가입한 노동자는 7% 정도밖에 안 됩니다. 그렇기 때문에 노동조합이 무서워서 비정규직을 쓴다는 것은 지나친 과장이라는 생각이 듭니다.

**송성준**  그러면 실제 민주노총 조합원의 수가 얼마 되지 않겠네요?

**김석준**  실제로 민주노총의 경우에도 부산에 조합원이 3만 명 정도밖에 되지 않습니다. 그런데도 불구하고 노조 때문에 정규직 고용에 부담을 느낀다고 하는 것은 노동조합에 대한 선입견 때문이라고 생각합니다. 기업가는 피해의식을 갖기보다 노동조합이 기업경영에 오히려 보탬이 되는 요소가 있다는 것을 인식할 필요가 있습니다. 반면 노동자들은 노동조합이 생기더라도

지금까지는 기업별 노사관계에 익숙하다 보니까
기업단위에서 죽고살기로 싸우는 양상을
제대로 극복하지 못한 측면이 있습니다.

회사가 망하지 않는다는 것을 보여 줄 필요가 있습니다. 지금까지는 기업별 노사관계에 익숙하다 보니까 기업단위에서 죽고살기로 싸우는 양상을 제대로 극복하지 못한 측면이 있습니다. 경제 살리기를 위해서는 현장에서 노사간의 신뢰가 만들어져야 하고, 이것을 담보할 수 있는 사회적 장치나 협약이 필요합니다. 저는 '경제 살리기 위원회' 차원에서 기업대표와 노동조합 대표가 협약을 맺어야 한다고 생각합니다.

예를 들어서 일자리를 마구 줄이고 비정규직으로 전환하지 않는다는 약속을 하는 대신에 특별히 이유 없이 불법파업을 하지 않는다는 약속을 하든지 해서 신뢰를 만들어 가고, 이를 지방정부가 보증하는 시스템을 확립해 나가야 합니다. 그래서 불필요하게 노사가 다투지 않는 새로운 노사관계의 틀을 만드는 노력을 해야 합니다. 그런 면에서도 민주노동당 시장이 나서면 양쪽을 가장 잘 설득해 낼 수 있다는 생각이 듭니다.

**송성준** 실제로 설득해 본 경험도 있으시죠?

**김석준** 네. 저는 민주노총 추천으로 지방노동위원회에서 조정담당 공익위원을 꽤 오래 해 왔습니다. 제가 조정을 하면 사용자 측에서도 무조건 거부하지는 않았습니다. 합리적으로 풀어갈

　　　　　　　　　　　　　　진보와 대화하기

수 있는 방안들은 얼마든지 있습니다. 그래서 우선은 신뢰를 쌓는 노력들이 필요하다고 생각합니다.

**송성준** 노동계의 현안 중의 하나가 일부 대기업 노조의 경우 비정규직 노동자들의 처우개선에 소극적인 태도를 보이고 있다며 노노 갈등 양상을 보이고 있는데요. 이런 점은 어떻게 생각하십니까?

**김석준** 실제로 이런 양상이 분명히 존재했고, 그런 점에 대해서는 냉정하게 자기반성과 비판이 필요하다고 생각합니다. 한 작업장에서 하청기업 노동자와 원청회사 노동자가 똑같은 일을 하면서도 임금이 다르고, 이렇게 해서 보이지 않는 긴장과 알력이 생기고, 급기야는 갈등도 벌어지고 있습니다. 이런 현상은 우리나라 노동조합 조직 체계가 기업별 노조라는 틀을 벗어나지 못했기 때문에 생겨나는 것입니다. 2007년까지 기업 울타리를 넘어서서 산업별 노조를 만드는 노력들이 진행되고, 그러면서 노동자가 말로만 하나라고 하는 것이 아니라 함께 연대하고, 때로는 대기업 노조에서 비정규직을 위해 전폭적인 양보까지도 할 수 있는 실천이 필요하다고 생각합니다. 예를 들어서, 현대자동차에서 임금인상을 3%로 요구하면서 그것을 전부 비정규직을

위한 기금으로 쓰겠다는, 이런 실천들이 필요한 때라고 봅니다. 그럴 때에만 비정규직으로부터 인정도 받고 국민의 지지도 받을 수 있습니다.

**송성준**   그러면 현재 처한 구조와는 어떤 관계가 있습니까?

**김석준**   그런데 한 가지 분명히 해야 할 점은 현재와 같은 대기업 노동자와 하청 중소기업 노동자간의 격차, 정규직과 비정규직 노동자간의 차별의 문제는 근본적으로 노동조합의 잘못이라기보다는 재벌 대기업이 중소기업을 지배하는 하청 계열 구조 때문에 생겨난 것이라는 사실입니다. 그렇기 때문에 대기업 노조에서 양보한다고 해서 반드시 하청기업의 조건이 좋아지는 것이 아니라는 거지요. 이런 잘못된 지배 종속 구조를 단절하거나, 또는 그것을 제대로 세워 내는 것이 더 중요합니다. 민주노동당에서는 하청에서 납품가 인하를 통해서 부담을 전가하는 것을 원천적으로 막는 법안, 그리고 하청 중소기업이 제일 어려워하는 부분 중에 하나인 결제수단을 개선하기 위해 어음제도를 없애는 법안을 마련하고 있습니다. 잘못된 지배구조를 개선하기 위한 노력이 먼저 선행되고, 노동자들도 함께 연대하고 공존하는 실천들이 병행되어야 합니다.

**송성준**  일반 시민들이 보기에 대기업 노조가 노동귀족화되어 가고, 지나치게 노조 이익만을 생각한다는 지적도 있습니다.

**김석준**  대기업 노조에 대해서는 비판할 부분은 정확하게 비판해야 한다고 생각합니다. 그런데 노동귀족화 부분에 대해서는 양면이 있다고 생각합니다. 아시다시피 1987년 노동자 대투쟁 이전에는 대기업과 중소기업 사이에 차이가 없었죠. 그런데 민주노조 운동이 본격화되면서 대기업 노동조합이 기업을 상대로 한 교섭력이 커지다 보니까 상대적으로 많은 성과를 얻어 냈습니다. 반면에 중소기업은 상대적으로 성과를 얻지 못하거나 아예 노동조합을 만들기도 어려운 상황에 처해 있었기 때문에 갈수록 격차가 커지게 되었습니다. 이에 따라 대기업 노동조합이 상대적으로 좋은 조건을 누림으로써 중소기업 노동자들과 격차가 확대되었습니다. 교섭을 통해서 근로조건을 개선하거나 임금 수준을 상승시키면서 그렇지 못한 중소사업장도 동반 상승되는 효과도 있었습니다. 대기업 노조는 극히 불균형적인 노사관계를 바로잡아가는 역할을 했지만 반면에 노동자들 사이에 격차가 커진 측면도 있습니다.

**송성준**  대기업 노조가 져야 할 책임이 있다면요?

**김석준** 대기업 노조가 우리나라 노사관계를 개선하는데 중요한 역할을 했지만 20년을 경과하면서 내부격차도 심각한 수준으로 확대되었는데 이 문제를 간과하거나 소홀히 했습니다. 이런 문제를 제대로 풀어나가기 위해서도 산업별노조 건설이 시급한데도 불구하고 대기업 노조에서 흔쾌히 동참을 하지 않고 있습니다. 이러한 현상을 적절히 극복하지 못하면 노동운동의 건강성이 매우 심각하게 훼손될 수 있습니다.

**송성준** 상당수 시민들이 노동자, 농민, 시민단체들이 너무 과격하다는 시각을 가지고 있습니다. 폭력시위에 대해서 한번쯤은 평가를 해야 할 시점이 오지 않았나 생각하는데요?

**김석준** 시민들이 가지는 시각이 권력과 언론에 의해 과장되고 왜곡된 측면이 있다고 봅니다. 극단적인 싸움을 하지 않더라도 노동자와 농민을 대변하는 정치세력이 국회 내에서 자신들의 목소리를 충분히 반영할 수 있는 상황이라면, 굳이 시위대가 죄 없는 전경들과 그렇게 치열하게 싸울 필요는 없을 것입니다.

**송성준** 과격한 시위 방법이 민노당의 이미지에도 부정적 영향을 미치는 것 아닌가요?

진보와 대화하기

폭력시위에 대해서 한번쯤은
평가를 해야 할 시점이 오지 않았나
생각하는데요?

**김석준** 분명히 그런 측면이 있습니다. 이제는 거리에서 투쟁을 통해서 기존 정권을 타도하거나 권력을 쟁취할 수 있는 상황은 아니라고 생각합니다. 시민들로부터 누가 더 많은 지지를 얻어내느냐가 관건이라고 봅니다. 그러기 위해서는 은근과 끈기를 가지고 시민들을 설득하고 동의를 이끌어 내는 새로운 정치문화를 만들어 내야 합니다. 이제는 시위하는 방식, 집회의 방식, 행진의 방식도 시민들에게 불편을 주지 않는 방식으로 바뀌어야 합니다. 굳이 도로를 막고 행진을 하지 않더라도 시민들에게 자신의 주장을 설득력 있게 전달할 수 있는 방법을 찾아야 합니다.

# 아름다운 부산의 산, 강, 바다
# 시민의 품으로

**환경보존과 개발에 대하여...**

**송성준**  환경 보존과 개발은 평행선이라는 의견에 원칙적으로 동의하셨습니다. 그렇다면, 현재까지 부산시의 친환경적인 정책에 점수를 매겨 보신다면요?

**김석준**  완전히 낙제라고 보지는 않습니다만 낙제를 겨우 면한 점수를 줄 수밖에 없습니다. 시민들의 환경에 대한 요구나 인식들이 높아져 있기 때문에, 현재의 환경정책이라고 하는 것은 보여주기 위한 정책, 우리도 이런 것 했다는 식으로 책임을 회피하기 위한 정책에 불과하다고 생각합니다. 그러한 생색내기의 이면에는 개발중심주의가 도사리고 있어서 결과적으로는 부산을 난개발로 만신창이를 만들어 놨습니다.

**송성준**  그럼 각론으로 들어가 볼까요? 낙동강 하구 명지대교 건설에 대한 민주노동당의 입장은요?

**김석준**  민주노동당은 원칙적으로 건설에 반대했습니다. 당시의 자료에 근거해서 보면 명지대교 건설의 가장 큰 명분은 물류 문제였습니다. 그러나 물류량 자체가 보고서에서 말한 것처럼 포화상태도 아니었습니다. 그래서 대안으로 생각했던 것은 먼저 하구언 옆에 4차선을 만들자는 것이었습니다. 그리고 대교

진보와 대화하기

를 건설하더라도 지금처럼 직선에 가까운 다리를 만들 것이 아니라 하구언 근처까지 올라와서 돌아가는 노선을 제안했습니다. 그럴 경우 기름값도 더 들고, 시간이 더 걸릴지는 모르지만, 세계에서 첫손가락에 꼽는 철새도래지는 미래의 커다란 자산이기 때문에, 이것을 지켜 내는 것이 경제적으로도 훨씬 이득이 크다고 생각했습니다. 그런데 환경단체의 반대에도 불구하고 공사가 시작되었는데, 산업폐기물 매립한 곳이 드러나고 여기서 침출수 유출 문제가 대두되는 등 난제들이 속출하고 있어서 갑갑합니다. 어쨌든 착공은 되었지만 환경파괴를 최소화할 수 있도록 계속 감시하고 통제해야 된다고 생각합니다.

**송성준** 교수님께서도 말씀하셨다시피, 부산은 참 아름다운 곳입니다. 그런데 문제는 부산 해수가 죽어 가고 있습니다. 잘 아시겠지만 환경 생태론자들은 잘못된 매립 때문이라고 주장하고 있는데요. 이런 매립정책이 계속 유지되어야 합니까?

**김석준** 저는 무조건 매립은 안 하는 게 옳다고 생각합니다. 지금까지도 과도하게 매립을 해서 심각한 생태계 변화가 일어나고 있습니다. 그래서 지금 남아 있는 공간이라도 그 자체로 보존해야 합니다. 개발이익을 노리는 사람들은 매립의 필요성을 강

변하고 있지만 매립하지 않은 자연적인 상태를 시민들이 향유하
거나 활용할 수 있는 방법들이 얼마든지 있을 수 있기 때문에 매
립에 대해서는 원칙적으로 반대합니다.

**송성준** 가장 가까이 광안리 해수욕장의 경우에 남천 아파트
와 민락동 매립지가 영향을 미쳐 환경변화가 급속하게 일어나고
있다는 연구결과도 나와 있습니다. 그런데 매립 자체가 지극히
사유화되어 버렸고, 공공성을 배제했다는 지적도 있습니다.

**김석준** 근본적인 원인은 난개발에 있다고 봐야 할 것 같습니다.

**송성준** 민락동 매립지에 대해서는 책임을 물을 필요가 있지
않을까요?

**김석준** 허남식 시장에게도 상당한 책임이 있다고 생각하고
있습니다. 매립 자체보다 매립 이후의 분양과정이나 주상복합건
물을 고층으로 허용한 부분에서 시가 자유롭지 못한 것으로 알
고 있습니다. 매립의 결과가 이미 나타나고 있는데도 불구하고,
끊임없이 매립을 시도하고 있습니다. 남구청에서도 신선대 앞을
매립하려는 계획을 세우고 있고, 청사포 앞에도 매립이 진행되

고 있습니다. 이런 계획들은 난개발의 전형이므로 지금이라도 근본적으로 재검토해야 합니다.

**송성준**　부산시민들은 아름다운 자연을 곁에 두고 있지만 항만시설로 인해 접근성이 차단되어 있습니다. 지나치게 물류를 강조하다 보니 시민들의 친수공간을 잃어버리고 있다는 지적이 많습니다. 이와 관련해 대기업의 자본을 끌어들여서 추진하고 있는 북항 개발은 부산을 시민의 품으로 돌린다는 그런 관점에서 볼 때 어떤 식으로 개발해야 된다고 생각합니까?

**김석준**　부산항만공사에서 발주해서 나온 시안들을 보면 여태까지는 항만시설에 바다를 빼앗겼다면, 지금 계획대로 된다면 거대 자본에 시민들이 또 바다를 빼앗길 것 같습니다. 지금 계획안을 보면 시민들이 편하게 접근할 수 있는 공간은 최소화되어 있고, 거의 대부분이 상업지구화되어, 고층 빌딩이나 위락 시설들 위주로 계획이 잡혀 있습니다. 이렇게 되면 그나마 시민들이 쉽게 접근할 수 있는 친수공간마저도 돈 있는 사람들만 비싼 돈을 지불하고 들어 갈 수 있는 공간으로 변질될 가능성이 크다고 생각합니다. 북항 재개발을 시행하되 시민들이 바다를 정말 편하게 느끼고, 쉽게 접근할 수 있는 방향으로 개발이 되어야지,

**센텀시티도 마찬가지였습니다.**
**미래를 준비하는 첨단 산업도시가 됐어야 하는데,**
**결국엔 고층 아파트촌밖에 남은 게 없지 않습니까?**

돈 끌어와서 그 사람들 돈벌이를 보장하는 방식으로 진행되도록 내버려 둬서는 안 된다고 생각합니다. 직접적인 사례로 비교되기는 어렵지만 센텀시티도 마찬가지였습니다. 미래를 준비하는 첨단 산업도시가 됐어야 하는데, 결국엔 고층 아파트촌밖에 남은 게 없지 않습니까? 이런 우를 북항 재개발에서 다시 범해서는 안 됩니다.

**송성준**  이명박 서울시장도 청계천 복원으로 한창 주가를 올리고 있습니다. 부산을 받치고 있는 도심하천의 정화 혹은 복원 정책이 있다면요?

**김석준**  저도 일부러 청계천에 가서 보았는데요, 일단 시내 한복판에 복개되었던 곳을 모두 들어내고 맑은 물이 다시 흐르게 만든 것은 신선한 충격이었습니다. 그런데 많은 사람들이 비판하듯이 그것은 또 하나의 보여주기식 개발이라는 생각이 들었습니다. 시간이 좀 더 걸리더라도 자연 하천으로의 복원을 제대로 할 수도 있었는데, 2년 만에 후다닥 해치우는 이명박 방식의 복원을 하는 바람에 다양한 생태환경적인 문제들이 발생할 소지를 안고 있습니다. 부산에 가장 중요한 하천인 온천천과 수영천의 경우에는 그동안 많은 노력에 의해서 일정한 성과는 거두었다고

198                                                  진보와 대화하기

봅니다. 물론 그것도 자연하천으로서의 복원이냐에 대해서는 여러 가지 논란이 있습니다만 어쨌든 친수공간으로 복원하는 성과는 있었다고 생각합니다. 이제 남은 열 몇 개 하천이 있지만 동천이 가장 중요하다고 생각합니다. 동천은 청계천처럼 2년 만에 뚝딱 해치우는 방식이 아니라, 20년이 걸리더라도 장기적인 계획을 가지고, 제대로 자연하천으로 되살려야 합니다. 그렇게 되면 부산의 자랑거리가 될 거라고 생각합니다.

**송성준**　시장이 되시면 구체적으로 어떻게 하시겠습니까?

**김석준**　제가 시장이 되면 제 임기 안에 결과를 보여 주기보다 시민단체나 전문가들과 충분히 논의를 해서 10년, 20년이 걸리더라도 자연과 환경이 어우러지는 생태하천으로 바꾸어 나가도록 하겠습니다. 동천을 되살리되 정말 제대로 된 하천으로 복원하고, 도시의 옛 모습을 되살리는 노력을 장기적으로 추진해 나가는 프로젝트가 시작되어야 합니다. 이번에 민주노동당 부산진구 구청장 후보로 나오는 민병렬 진구위원장이 발로 답사한 바에 따르면 지도에도 잘 안 나오는, 산에서부터 내려오는 실개천 위에 주택이 들어서 있는 등, 너무 많이 덮여 있어서 원형대로 복구하기가 말처럼 쉽지는 않습니다. 이미 주택이 다 들어서 있

어 헐기도 어려운 이런 현실적인 조건을 감안한다면, 시간을 가지고 체계적으로 자연하천으로 복원해야 부산의 새로운 자랑거리로 만들어 낼 수 있습니다. 보여주기 위한 쇼윈도우를 만드는 것이 아니라, 백 년 동안 파괴된 자연하천을 백 년이 걸리더라도 원래의 모습대로 복원한다는 자세가 필요합니다.

**송성준** 낙동강 고수부지로 넘어가 보겠습니다. 고수부지 개발 문제를 가지고 시민단체와 부산시가 대립하고 있습니다. 낙동강 고수부지는 어떤 식으로 개발되어야 한다고 생각하십니까?

**김석준** 적어도 현재 부산시에서 진행하고 있는 방식은 곤란하다고 생각합니다. 새로운 콘크리트 틀을 부어 넣는 방식으로 고수부지를 개발하는 것은 옳지 않습니다. 고수부지에 공원을 만들더라도 존재하는 자연적인 조건을 그대로 활용해서 시민들이 편하게 쉴 수 있는 공간으로 만들어야 하는데, 억지로 콘크리트를 씌우고 나무를 갖다 심어서 인위적인 시설물들을 만드는 것은 바람직하지 않습니다. 그리고 장기적으로는 하구언의 물막이도 들어 올리는 문제도 검토해 볼 필요가 있습니다. 하구언 자체가 오염의 원천이 되고, 여러 가지 새로운 문제를 발생시키고 있으며, 더 이상 농업용수 확보를 위한 하구언의 기능도 크지 않

진보와 대화하기

기 때문에 수문을 서서히 개방해서 자연하천으로 돌리는 문제를
검토해야 한다고 생각합니다.

　**송성준**　서울 같은 경우에는 한강 고수부지를 시민들의 여가
활동도 할 수 있고, 운동도 할 수 있는 종합 시설 공간으로 만들
었는데 그런 것도 하나의 모델이 될 수 있는데요.

　**김석준**　그런 정도는 괜찮다고 봅니다. 그런데 시에서는 무조
건 콘크리트를 붓고, 또 한쪽에는 골프 연습장을 만들고 있는데,
이것은 굉장히 근시안적인 발상입니다. 자료를 보니까 30억 원
가량을 투자해서 나무를 심는데 환경에 맞지도 않는 수종을 옮
겨 심고 있습니다. 그래서 이런 부분은 환경단체에서 요구하는
부분을 적극적으로 수용해서 자연형 휴식공간으로 만드는 것이
바람직하다고 생각합니다.

　**송성준**　부산의 시민들이 여가를 활용할 수 있는 공간이 너무
부족하지 않습니까? 시민뿐만 아니라 부산을 찾는 관광객들도
볼거리가 너무 없다는 지적이 많은데, 그런 부분에 대해 부산을
관광자원화시킬 수 있는 정책이 있다면 어떤 것이 있을 수 있습
니까?

**부산은 정말 아름다운 자연조건을 가지고 있는데
난개발이 완전히 망쳐 놓았습니다.**

**김석준**　　부산은 정말 아름다운 자연조건을 가지고 있는데 난
개발이 완전히 망쳐 놓았습니다. 배를 타고 부산을 한번 돌아보
면 스카이라인이 엉망진창으로 꼴불견입니다. 그래서 더 이상
훼손하는 것만이라도 막아야겠다는 생각입니다. 가능하다면 부
산에는 더 이상의 고밀도의 대단위 고층 아파트 단지 건설은 제
한할 필요가 있다고 생각합니다. 이미 주택보급율이 100% 수준
에 도달한 상황에서 무분별하게 들어서는 대규모 고층 아파트들
은 20~30년 이후에는 손을 댈 수 없는 대규모 슬럼으로 변질될
우려가 있습니다. 여러 가지를 좀 더 따져보아야 하지만, 재개발
을 하면서 산꼭대기에 25층, 30층 아파트를 짓는 일만은 반드시
막아야 한다고 생각합니다.

아까 동천 복원과 관련해서도 말씀드렸지만, 오랜 공을 들여
서 자연스럽게 되살린 하천이라도 있을 때 부산이 정말 미래형
도시가 되는 것이지, 인위적인 건축물을 가지고 볼거리를 제공
하는 것은 옳지 않다고 생각합니다. 낙동강 철새 도래지만 잘 보
여 주더라도 볼 것이 없다는 이야기는 하지 않을 것입니다. 부산
은 내놓을 것은 많은데 전부 다 손을 대서 망치고 있습니다. 그
래서 4년 전에 민주노동당은 "센텀시티에 50층짜리 아파트를 지
을 바에야 미국의 디즈니랜드처럼 테마파크를 만들자. 원래 계

획대로 첨단형 산업도시가 안 된다면 해운대와 연동시켜 제대로 된 테마파크라도 만들자."라는 제안도 했습니다.

**송성준**　현재의 부산시의 관광 정책과 근본적으로 차이가 있네요?

**김석준**　장기적으로 관광산업이 중요한 성장 동력이 될 것이라고 생각합니다. 그런데 문제는 사고방식의 차이입니다. 백양산에 골프장을 만들고 동부권에 골프장 8개를 만든다고 관광도시로 탈바꿈하지는 않습니다. 그런 방식의 관광이 아니라 실제로 부산이 가지고 있는 자원들을 보고, 느끼고, 즐길 수 있도록 해야 합니다. 예를 들어 범어사 같은 곳에서 사찰 체험을 하는 프로그램처럼 적극적으로 소프트웨어를 개발해서 보여 주는 것이 필요하지, 없는 인프라를 새로 만들어서 보러 오라는 것은 적절한 방안이 아닌 것 같습니다.

**송성준**　롯데그룹은 백양산 골프장이 허가가 나지 않는다면 제2롯데월드 건설규모를 대폭 축소하겠다고 하고 있습니다. 도심 골프장 건설에 대해서 어떻게 생각하십니까?

**김석준**  도시 내에 골프장을 더 이상 건설해서는 안 됩니다. 특히 백양산의 경우 도심의 허파 같은 기능을 하는데 이곳에 골프장을 건립한다는 것은 있을 수 없는 일입니다. 그리고 제2롯데월드 107층 건물을 짓는 것이 정말 부산에 득이 될 것인지도 심각하게 따져 봐야 합니다. 민주노동당은 백양산 골프장 건립 반대 운동을 중요한 과제로 설정해서 열심히 싸우고 있습니다. 롯데가 부산에서는 가장 큰 자본인데 부산지역 발전에 어떤 역할을 해 왔는가에 대해서도 면밀하게 따져볼 필요가 있습니다. 만약 롯데가 백양산 골프장 건설과 제2롯데월드 건설을 연동하여 밀어붙이기식 개발을 하겠다는 것은 부산시민 전체를 협박하고 우롱하는 행위입니다.

**송성준**  해양관광부분에 대한 새로운 구상이 있으신지요?

**김석준**  지금까지 부산의 바다는 보는 바다이지 체험하는 바다나 느끼는 바다는 아니었습니다. 배를 타고 바다에서 바라보는 부산은 또 다른 맛이 있지만 그냥 유람선만 타고 왔다 갔다 하는 것이 아니라 시민들이 적극적으로 바다를 즐길 수 있는 아이템들을 개발해야 합니다. 그래서 정말 부담 없이 바다 속으로 들어가서 느낄 수 있고 바다에서 다양한 체험을 즐길 수 있는 바

진보와 대화하기

다로 바꾸어 가야 됩니다. 그러자면 우선 해수욕장으로 생활하수가 바로 흘러들어가는 현상부터 막아야 합니다. 그리고 부산의 해수욕장들도 여름 한 철에만 반짝할 것이 아니라 다양한 형태의 체험이 가능한 해수욕장으로 거듭나기 위해서 다양한 수상문화 프로그램을 개발해야 합니다.

**송성준**  요트 경기장도 과포화 상태입니다. 해양문화, 해양산업의 시대가 다가오고 있는데 부산은 너무나 준비가 되어 있지 않습니다. 시장이 된다면 이를 어떻게 준비하시겠습니까?

**김석준**  전문가들하고 상의해서 환경을 파괴하지 않는 범위에서 바다를 최대한 활용하도록 하겠습니다. 천혜의 자연조건을 최대한 활용해서 자연이 살아 숨쉬는 생태관광자원화하는 것이 필요하다고 생각합니다. 깎거나 부수어서 새로운 것을 만들어내기보다 존재하는 자원을 최대한 활용할 필요가 있습니다.

**송성준**  재래시장 이야기를 좀 해보겠습니다. 재래시장은 서민경제의 바로미터라고 볼 수 있습니다. 토착서민의 삶의 터전이기도 한 재래시장이 빈사상태에 이르고 있는 반면, 대형 백화점은 나날이 호황을 누리고 있어 유통시장의 양극화가 심화되고

재래시장 활성화를 위해서는
우선 더 이상의 대형 할인점 진입을 규제하는 것이
선결 과제입니다.


있습니다.

**김석준**　부산시에서도 이미 5개년 계획을 세워서 재래시장 활성화를 위해서 500여 억 원을 투자하겠다고 발표해서 기대가 되고 있습니다. 그런데 재래시장 활성화 이전에 선결해야 할 것이 있습니다. 대형 할인점의 진입을 규제해야 합니다. 이미 부산에 23개의 대형 할인점이 들어와 있는데 업계에서는 10만 명당 하나 정도의 할인점이 있어도 시장성이 있다고 판단하고 계속 진입을 시도하고 있습니다. 대형 할인점 하나가 들어오면 재래시장 7~8개가 빈사상태에 빠지게 됩니다. 재래시장 활성화를 위해서는 우선 더 이상의 대형 할인점 진입을 규제하는 것이 선결 과제입니다.

**송성준**　현실적으로 그것이 가능할까요? 대형 할인점 규제를 한다는 것이 시장경제의 원칙에 위배된다는 지적과 반발이 있을 텐데요?

**김석준**　대형 할인점의 진입 규제가 쉽지는 않습니다만, 의지를 가지고 법적 제도적 장치들을 최대한 활용한다면 불가능하지만은 않을 것입니다. 대형 할인점의 미미한 고용효과나 세수확

보 차원에서 접근할 것이 아니라, 소수 자본의 이익보다 대다수 서민의 이익을 먼저 생각한다면 방법을 찾을 수 있을 것입니다.

**송성준**   재래시장 활성화를 위한 구체적 지원 대책이 있으신 지요?

**김석준**   재래시장 활성화 방안으로 여태까지는 리모델링이나 주차장 만들기 같은 외형적인 요소에 치우쳐 있었습니다. 그러나 번듯한 외형만 갖추어 놓는다고 해서 손님이 늘어나지는 않습니다. 오히려 건설업자들만 이윤을 챙겨가고, 실제로 그 안에서 장사하는 분들은 특별하게 혜택을 보지 못한 측면이 있습니다. 또 얼마 전 서울의 재래시장 화재사건에서 보았듯이 안전시설을 확충하지 않고 외형만 꾸민다고 해서 재래시장 활성화가 성과를 거두었다고 보기 어렵습니다. 그래서 먼저 대형 할인점 진입을 규제하면서 시민들의 접근성을 높이고 재래시장의 장점인 가격 경쟁력을 홍보하는 것이 필요합니다. 또한 재래시장을 공급자와 소비자를 매개하는 생활 협동조합 등과 연계시켜 시장에서 생산자와 소비자가 신뢰를 가지고 만날 수 있는 틀을 만들어 내야 합니다.

**송성준**　공산품의 경우는 할인점이 싸지만 농수산물 가격은 재래시장이 할인마트보다 월등히 쌉니다. 재래시장이 가격 경쟁력을 가지고 있는 부분이 있지만 문제는 원산지 표시, 위생문제 등에서 대형 백화점이나 할인마트보다 신뢰를 주지 못하는 부분이 있습니다. 이런 부분에 대한 해결책이 있습니까?

**김석준**　재래시장을 통해서 생산자와 소비자를 연결시키는 직거래를 손쉽게 할 수 있는 방법들이 있을 것이라고 생각합니다. 공산품의 경우에도 대량 생산되어 나오지만 시장 상품과 할인점에 들어가는 상품이 다르다고 합니다. 용량을 따져 보면 할인점이 반드시 싼 것도 아닌데도 미끼상품을 통한 대량 홍보로 공산품은 할인점이 싸다는 인식이 보편화되어 있는 것 같습니다. 재래시장도 연합회 같은 조직을 만들어서 사회적 압력을 행사할 수 있는 힘을 키우는 한편 생산자와 소비자를 연결시키는 매개고리로, 그리고 지역에서는 생활을 매개로 하는 공동체 문화를 확산시키는 공간으로 발전해 나가야 한다고 생각합니다.

**송성준**　주거 문제 또한 시민들의 중요한 관심사인데요. 아파트 가격이 지난 몇 년 동안 분양가 자율화로 인해 엄청나게 뛰었습니다. 일차적으로 아파트 분양가에 대한 검증을 할 수 있는 기

아파트 가격이 지난 몇 년 동안
분양가 자율화로 인해 엄청나게 뛰었습니다.

관이 시당국인데요. 시민들의 이익보다 건설업체의 이익에 충실하지 않았나 하는 지적이 있습니다.

**김석준** 부산의 경우 절반 이상이 이미 아파트에 주거하고 있고, 주택 보급률은 100%를 넘어섰습니다. 그럼에도 불구하고 끊임없이 고밀도의 대단위 아파트 단지가 들어서는 것은 문제라고 생각합니다. 현실적으로 부산은 노후한 건물이 많기도 하고 재개발 수요도 많지만 이것을 민간업자에게 맡겨 놓으면 또다시 고밀도 재개발밖에 되지 않습니다. 실제 입주민들을 추방하면서 돈 가진 사람들이 축재의 수단으로 활용하는 민간업자 중심의 재개발은 제한하되, 필요한 부분에 대해서는 도시개발공사를 통한 공영재개발을 추진해야 합니다.

**송성준** 시장이 되면 주거문화에 대한 획기적 발상의 전환을 할 수 있겠습니까?

**김석준** 아파트 원가공개는 공정하게 검증할 수 있는 장치를 정부 차원에서 만들어서 투명하게 공개해야 합니다. 정부 차원에서 시행하기 어렵다면 일선행정을 책임지고 있는 시 차원에서라도 시도를 해야 합니다. 이렇게 하기 위해서는 유명무실한 위

 도시개발공사는 무주택 서민들이나
취약계층의 주거문제를 해결하는 공공적 역할에
충실하게 복무하도록 변화되어야 합니다.

원회 제도를 개혁하여 책임과 권한을 함께 부여해야 합니다. 업자들이 아니라 객관적인 전문가나 시민의 공익을 대변할 수 있는 사람으로 위원회를 구성해서 조사하고 공개하고 다시 검증받도록 하겠습니다. 이런 장치를 통해서 완벽하지는 않더라도 아파트 값이 대책 없이 상승하는 것을 일정하게 제어할 수 있을 것이라고 생각합니다.

**송성준** 부산시 도시개발공사가 서민의 주택을 짓는 공공기관임에도 불구하고 민간기업과 다를 바 없는 폭리를 취했다는 문제가 제기됩니다. 앞으로 어떤 식으로 운영하면 좋을까요?

**김석준** 원래 도시개발공사는 태생적 한계가 있죠? 도개공은 원래 인공섬을 건설하기 위해서 만들어졌다가 인공섬이 실종되면서 토지개발이나 주택개발 쪽으로 사업내용이 바뀌었습니다. 그런데 처음 시작할 때부터 공무원이 다수를 차지하고 있어서 기구상 불안정한 부분도 있었고, 또 계속적으로 낙하산 인사 문제가 제기되는 등 운영면에서도 문제가 있었습니다. 도시개발공사는 말 그대로 서민들에게 저렴한 임대주택을 안정적으로 개발, 공급하는 것을 자기 역할로 해야 하는데, 지금까지는 공공성보다 수익논리를 강조하다보니 민간업자와 다를 바가 없어진 것

진보와 대화하기

입니다. 도시개발공사는 무주택 서민들이나 취약계층의 주거문제를 해결하는 공공적 역할에 충실하게 복무하도록 변화되어야 합니다.

**송성준**　장기임대주택 같은 경우 대부분 소형이지 않습니까? 중대형으로 확대되어야 할 필요성이 있지 않을까요?

**김석준**　실수요층의 요구에 따라 달라질 수 있겠습니다만, 아직은 중대형으로 확대해야 할 필요성을 느끼지는 못합니다. 왜냐하면 전반적으로 보면 아파트 평수가 주거 인원에 비해 넓은 편이고, 임대주택을 분양받은 사람들이 여전히 임대료 부담을 느끼고 있는 상황에서 중대형으로 확대된다면 원래의 취지가 훼손될 염려가 있을 뿐만 아니라 또 다른 불평등을 초래할 수 있기 때문입니다.

# 지방을 살리자

### 지방분권과 지역혁신에 대하여...

**송성준**   지방대 위기론이 확산되고 있습니다. 위기론의 실체는 무엇이라고 보십니까?

**김석준**   지방대의 위기는 곧 지방의 위기라고 봅니다. 지방대 자체의 내부적인 요인에 의해서, 또는 대학제도 자체에서 오는 위기도 있겠지만, 근본적으로는 지역이 황폐화되고 지역이 점점 낙후됨에 따라 지방대학으로 발전이 정체되고 위기 상황에 빠지게 되었습니다. 지역 간의 격차 확대, 지방의 낙후성 심화가 개선되지 않는 조건 속에서는 지방대만의 자구 노력으로 이 위기를 돌파하기는 어렵다고 생각합니다. 따라서 지방대학을 되살려 내기 위해서는 지역의 활성화가 전제되어야 하겠지만, 이와는 별도로 대학차원에서도 적극적인 자구 노력들을 해야 합니다. 수요에 비해 대학이 난립되어 있는 것도 문제고, 건전한 재정구조를 갖추지 못하고 특성화를 시켜 내지 못하고 있는 것도 문제입니다. 국립대학이 20% 정도밖에 안 되고 80% 이상을 사립에 떠넘겨 놓은 것도 지금의 위기를 더욱 더 부추기고 있는 원인이라고 생각합니다.

**송성준**   현실적인 위기 중에 하나는 역시 신입생 부족 현상이겠죠? 대학은 난립되어 1차적으로는 지방 사립대가 타격을 입을

            진보와 대화하기

전망이고, 2차적으로는 지방 국립대로 확산될 것이라는 전망입니다. 그리고 현실적으로도 우수한 학생들이 서울 등 수도권으로 집중되는 경향이 심화되고 있지만 이에 대해 대책을 강구하기가 어렵습니다.

**김석준**　20%가 국립이고 80%가 사립인 구조 속에서는 서열화가 불가피하다고 생각합니다. 결국 소수의 상위권 대학을 제외하고는 도미노 현상처럼 대학이 무너질 수밖에 없습니다. 그래서 우선은 정부에서 직접적으로 개입할 수 있는 국립대학부터 통합 네트워크화를 해 나가고, 이런 과정에서 문을 닫을 위기에 몰리는 사립대를 국공립화해 나가야 합니다.

**송성준**　지금 국립도 법인화 즉 사립화하겠다는 게 정부의 정책 방향인데요?

**김석준**　세계에서 우리나라만큼 국립대 비중이 낮은 나라는 없습니다. 우리보다 소득수준이 훨씬 낮은 나라에서도 대학을 국립화하고 있습니다. 지금 사립학교법 개정 때문에 학생배정을 거부하겠다거나 사유재산 침해라는 주장을 하고 있는데, 이것은 매우 황당한 논리입니다. 원칙적으로 학교는 이미 공익재산입니

학교를 이익수단으로 생각하는
이런 잘못된 관행 때문에
학교에 투자가 이루어지지 않고 경쟁력을
잃어가는 것입니다.

다. 그런데 이것을 자기 쌈짓돈으로 생각하는 것은 아주 잘못된 발상입니다. 학교를 이익수단으로 생각하는 이런 잘못된 관행 때문에 학교에 투자가 이루어지지 않고 경쟁력을 잃어가는 것입니다. 그래서 학생들 모집이 안 되어서 문을 닫는 사립대학이 생기면 국공립화하는 방식을 통해서 국가가 교육을 책임지는 자세를 보여 주어야 합니다. 실제로 우리나라 예산 중에서 대학교육에 투입되는 비율은 1.6% 정도밖에 되지 않습니다. 다른 나라는 평균 3% 정도 되는데 그 절반밖에 투자를 하지 않는 것입니다. 예산은 투입하지 않으면서 경쟁력 있는 대학이 없다고 탓하는 것은 정부가 자기 책임을 회피하는 것입니다.

**송성준** 시 차원에서 할 수 있는 일일까요?

**김석준** 물론이지요. 지역차원에서도 경쟁력을 잃고 문을 닫는 대학은 시의 예산으로 인수하여 시립대학을 만들어야 합니다. 이처럼 시립화한 대학에서는 지역에 필요한 인적자원을 양성하는 모범을 창출해야 합니다. 제대로 된 직업훈련, 재교육 기관으로 만들어서 현장에서 필요로 하는 지식과 인적자원을 공급하도록 해야 합니다.

진보와 대화하기

**송성준** 현재 지방교육청에서 누리사업을 강력히 추진하고 있는데 여기에 대해서 어떻게 생각하십니까?

**김석준** 이건 바로 눈 가리고 아웅 하는 격입니다. 누리사업에 1년에 1조 4천억 정도가 들어갑니다. 그런데 새롭게 재원을 늘린 것이 아니라 이전에 대학에 지원하던 것을 다 모아서 선택된 소수 대학에 차등 지원하고 있습니다. 결국 밑에 돌 빼서 위에 괴는 일을 하고 있는 셈입니다. 누리사업은 겉으로는 연구 지원의 형태를 띠고 있지만, 실제로는 연구에 지원하는 것이 아니고 참여하는 학생들의 장학금 지원 형태가 되고 있는데, 돈을 쓸 방법을 찾지 못해서 고민하고 있을 정도입니다. 그렇기 때문에 누리사업은 지방대 육성이나 활성화에 별로 도움이 되지 못하고 있습니다.

**송성준** 참여정부의 주요 아젠다가 분권과 지역혁신인데요. 어떻게 평가하십니까?

**김석준** 아젠다를 잘 잡았다고 생각합니다. 현재 과잉 집중되어 있고 또 불균형이 심화되고 있기 때문에 분권과 혁신은 시급하고 중요한 아젠다였습니다. 문제는 분권은 했는데 자치가 빠

져 있고, 혁신을 강조하지만 위에서부터 아래로 내려오는 방식이어서 '참여'가 제대로 이루어지지 않고 있습니다. 간판은 참여정부이지만 실제로는 청와대에서 나오는 각본대로 밀어붙일 뿐이고, 실제로 권한을 부여하거나 참여를 촉발하는 부분은 빠져 있기 때문에 무늬만 분권, 무늬만 혁신으로 끝나는 게 아닌가 하는 아쉬움이 있습니다. 굉장히 중요한 의제를 선정했음에도 불구하고 이것을 제대로 집행을 못하고 있어서 생기는 부작용이 많습니다. 예를 들어 120여 개 중앙기관을 지역으로 분산했는데 지역에 안착을 하지 못하면 정권이 바뀌고 다시 원위치될 가능성까지도 있다고 생각합니다.

**송성준**  민주노동당이 지향하는 분권과 혁신은 어떤 차이가 있습니까?

**김석준**  우선은 분권의 내용에서 구별됩니다. 지금 참여정부에서 추진하고 있는 분권은 중앙정부가 갖고 있는 권한을 광역자치단체에게 넘겨주는 수준입니다. 민주노동당은 한 단계 더 나아가 기초자치단체까지 권한을 분산시키고, 주민들의 직접적인 감시와 통제를 받는 형태로 분권이 되어야 한다고 생각합니다. 그런데 참여정부가 추진하는 분권은 중앙정부에서 광역자치

진보와 대화하기

단체에게 권한을 아주 제한적으로 넘겨주는 수준에 불과하기 때문에 지역의 토호들에게만 기득권을 확대할 기회가 주어지고 있습니다. 주민의 직접적 통제가 가능한 수준까지 분권을 해야만 실질적인 효과를 거둘 수 있습니다.

**송성준**  어떤 장치가 있을까요?

**김석준**  핵심은 권한과 재정인데 이것을 총액 예산제 형태로 해서 광역자치단체에 맡겨 놓을 것이 아니라, 합리적인 기준을 정해서 기초자치단체까지도 다 배정을 해야 합니다. 지금은 기초단체장의 권한이 별로 없지 않습니까? 기초자치단체에 예산 편성권을 비롯한, 실질적으로 지역을 책임질 수 있는 권한을 부여해야 한다고 생각합니다.

**송성준**  공공기관 지방 이전 정책, 말도 많고 탈도 많은데요, 이것 때문에 지역간 갈등이 많이 노출되고 있습니다. 이런 갈등을 최소화시킬 수 있는 해법이 있을까요?

**김석준**  백여 개의 기관을 어느 지역에 어떻게 분산할 것인가의 문제로 광역단체끼리 갈등이 있었고, 결정이 되고 난 이후에

 국민들의 동의를 제대로 얻지 못한 채
위로부터 아래로 내려오는 과정에서
생겨난 문제입니다.

도 이것을 집중하느냐 분산하느냐, 또 집중하면 어떤 지역으로
갈 것인가 등의 문제로 논란이 계속되고 있습니다. 소지역 이기
주의가 팽배하고 있다는 우려가 듭니다. 이런 문제가 대두되는
것은 시간을 가지고 국민들과 토론하거나 설득하지 않고, 정략
적으로 분권과 이전 문제를 접근했기 때문이라고 생각합니다.
국민들의 동의를 제대로 얻지 못한 채 위로부터 아래로 내려오
는 과정에서 생겨난 문제입니다. 그럼에도 불구하고 지방이전은
필요했다고 생각합니다. 부산에도 12개의 기관이 내려오는데,
본점의 간판만 내려오고 실제로는 서울에서 일을 처리하는 구조
가 되지 않을까 우려됩니다.

**송성준** 지방분권의 실질적인 내용을 담보해 주는 것이 지방
재정의 자율성과 자립성인데요. 개선되어야 할 점이 많다고 보
는데, 특히 어떤 부분이 시급하게 중앙정부에서 이양되어야 한
다고 생각하십니까?

**김석준** 우선 국세와 지방세의 비율이 조정되어야 합니다. 지
금 국세로 거두어들이는 것이 8이고, 지방세로 거두어들이는 것
이 2정도 됩니다. 중앙정부에서 보조금이나 교부금의 형태로 지
방으로 내려오기 때문에, 쓰는 것은 중앙정부가 6쯤 되고, 지방

진보와 대화하기

정부가 4쯤 됩니다. 문제는 지방세로 거두어들이는 것은 지방정부가 쓰지만, 중앙정부가 거두었다가 교부금이나 보조금으로 내려오는 것은 대부분 용도가 정해져서 내려오기 때문에 실제로 40%를 쓰더라도 지방정부는 20%밖에 자치를 못합니다. 예산을 통해 중앙정부가 지방정부를 통제하고 있는 것입니다. 그래서 국세나 지방세를 조정해야 되는데, 수십 가지 세금 중에서 어떤 것을 국세와 지방세로 분류할 것인가도 문제입니다. 편한 방법은 국세로 가고 있는 소득세와 소비세 중에서 일정 비율을 지방세로 돌리면 중앙정부의 간섭을 받지 않고도 자율적으로 쓸 수 있는 여지가 커집니다.

**송성준**　구체적으로 말씀해 주시지요.

**김석준**　예를 들어 지방 소비세, 지방 소득세를 신설해서 국세로 들어가는 부분의 15% 정도를 지방세로 돌리는 방안을 생각할 수 있습니다. 최근 정부에서는 총액 예산제, 총액 인건비제의 개념을 도입하려고 합니다. 전에는 일일이 다 정해져 내려왔다면 전체를 묶어서, 예를 들어서 천 명 써서 백 원을 주든지, 백 명을 써서 천 원을 주든지 인건비 총액은 같도록 하고 그 범위 내에서 알아서 쓰라는 식입니다. 이 경우에도 지방 정부가 편성하고 운

영할 수 있는 융통성을 늘려 주는 것이 필요합니다. 지역간 편차나 지역간 역량에 따라서 예산의 효율적 집행이 제대로 되지 않을 수도 있다는 우려도 있습니다만, 원칙적으로 자율권을 확대하는 방향으로 변화가 되어야 한다고 생각합니다.

**송성준**  부산시 행정개혁의 중요한 방향은 어떤 것입니까?

**김석준**  시장이 해야 할 가장 중요한 일은 5조 3천억에 가까운 예산을 가지고 살림살이를 잘 하는 것, 만 오천 명에 달하는 부산시 공무원들과 함께 행정서비스를 획기적으로 개선하는 것입니다. 그러나 시민들이 공직사회를 바라볼 때 아직은 부정부패나 비리가 제대로 척결되지 않고 있고, 철밥통으로 열심히 일하지 않는다는 시각이 있습니다. 이 두 가지를 같이 해결하는 가장 좋은 방법은 공무원들 스스로를 개혁의 주체로 세우는 것입니다.

**송성준**  구체적인 방안을 제시해 주십시오.

**김석준**  여러 가지 방법이 있겠지만 일선 공무원들의 조직인 공무원 노조 스스로가 공직사회 개혁을 가장 중요한 목표로 설

공무원 노조가 공무원들의 철밥그릇을
더욱더 공고하게 만드는, 개혁을 오히려 저해하는
요소라는 지적도 있습니다.

정하고 있기 때문에, 공무원 노조를 강력한 파트너로 삼아서 공
직사회의 비리를 척결하고 투명성을 높이도록 하겠습니다. 시
민들이 바라는 일을 열심히 하는 공무원으로 거듭나기 위해서
라도 공무원 노조도 이런 개혁에 적극적으로 동참할 것으로 믿
습니다. 공직사회의 개혁은 그 주체인 공무원들의 참여를 이끌
어 내지 못하면 실패할 수밖에 없습니다. 팀제 도입 같은 위로
부터의 개혁은 한계가 있을 수밖에 없기 때문에 공무원들의 참
여를 통해 책임과 권한을 부여하는 방식으로 개혁을 이루어 나
가겠습니다.

**송성준**　카운터 파트너가 공무원 노조입니까?

**김석준**　일선에서 6급 이하로 일하고 있는 공무원들이 가입되
어 있는 조직이고, 조직률도 상당히 높습니다. 현장에서 시민들
을 만나고 실무를 담당하는 분들이기 때문에, 이 분들이 바꾸어
내지 않으면 위에서 아무리 해도 변화가 있을 수 없습니다.

**송성준**　일각에서는 공무원 노조가 공무원들의 철밥그릇을 더
욱더 공고하게 만드는, 개혁을 오히려 저해하는 요소라는 지적
도 있습니다.

 내부고발을 보호해 줄 수 있는
제도적 장치도 필요하지만, 현장에서는
노동조합이 큰 힘이 될 수 있습니다.

**김석준** 그런 지적이 있다는 사실도 잘 알고 있습니다. 그렇다고 해서 공무원 노조를 배제하면 일방적인 명령과 갈등이 있을 뿐입니다. 힘에 의한 개혁은 얻는 것보다 잃는 것이 훨씬 많을 수 있습니다. 그래서 공무원 노동조합의 참여가 중요한 것입니다. 단, 권한을 부여하면서 그 권한에 대한 책임도 철저히 묻는 방식을 함께 만들어 나가야 합니다.

만 오천 명이 하는 일을 다 면밀하게 직무 분석하기가 쉽지 않습니다. 그렇다고 위에서 일방적으로 직무 분석해서 재배치하면 반발이 일어날 수밖에 없습니다. 그러나 노동조합과 함께 적절한 기준을 만들고 평가체제를 만들어서 함께 해 나간다면 저항도 줄이면서 합리적으로 재배치를 하는 방안을 만들어 낼 수 있습니다. 지금 공무원들이 저항하는 것은 자신들의 생각이나 의사는 전혀 반영되지 않은 채, 위에서부터 일방적으로 결정하고, 복종을 요구하기 때문입니다. 참여를 통해 함께 풀어 나가는 자세가 더 실질적인 개혁의 성과를 가져올 것이라고 믿습니다.

**송성준** 불과 10년 사이에 행정공무원들 참 많이 깨끗해졌습니다. 그것은 자타가 인정하는 부분인데, 그럼에도 불구하고 정책결정 과정의 투명성은 개선의 여지가 많다고 봅니다. 참고로 서울시 같은 경우에 각종위원회의 의사결정 과정을 공개하니까

진보와 대화하기

내용도 훨씬 충실해지고 행정 투명성도 보장되는 그런 효과가 있습니다. 부산시의 정책결정 과정에 투명성 확보를 위한 방안으로 어떤 것들이 있다고 생각하십니까?

**김석준**  인터넷 생중계 등을 통해 위원회의 의사결정 과정을 공개하는 것도 하나의 방법이고, 서울시에서 시행한 청렴 서약제를 도입하는 것도 좋은 방법이라고 생각합니다. 그리고 내부고발에 대한 철저한 보장과 지원이 필요합니다. 우리 사회의 조직 문화는 내부고발을 하면 배신자로 취급을 하고 왕따를 시키기 때문에 내부에 비리가 있더라도 문제제기를 하기가 참 어렵습니다. 내부고발에 대해 법적으로 제대로 보호를 해 주지 못하는 측면도 있어 제도의 보완도 필요하지만, 어째든 시행 과정에서도 내부고발을 적극적으로 할 수 있는 장치들을 만들어서 활용한다면, 비리문제는 상당 부분 해소할 수 있을 것입니다.

**송성준**  그런 일은 노동조합과 관련이 있을까요?

**김석준**  그렇지요. 그런 민감한 부분에서는 노동조합이 굉장히 중요한 역할을 할 수 있습니다. 노동조합이 활성화되면 하급자가 상급자의 비리를 고발하기가 쉬워집니다. 내부고발을 보호

해 줄 수 있는 제도적 장치도 필요하지만, 현장에서는 노동조합
이 큰 힘이 될 수 있습니다. 문제는 철밥통적인 요소를 어떻게
줄여 나가느냐 하는 것인데, 그것도 특별한 왕도는 없습니다. 권
한을 주는 대신 책임을 강제하고, 합의할 수 있는 평가 제도를
도입해서 일 제대로 안 하는 사람에 대해서는 합리적인 제재나
징계를 하는 방법밖에 없습니다.

  **송성준**  공무원의 방만성, 비효율성에 대한 지적이 많습니다.
특히 산하 공단 같은 경우에 문제가 심각한 실정인데요. 이런 문
제의 중심에 결국 낙하산 인사, 정실 인사, 비전문 인사 등의 인
사 폐해가 크다는 지적이 많습니다. 인사 문제는 어떻게 풀어 나
가시겠습니까?

  **김석준**  부산교통공사가 전형적인 예죠. 퇴직자에 대한 배려
나 정치적 필요 때문에 공기업의 주요 보직을 활용하는 나쁜 관
행들이 뿌리 깊게 내려오고 있습니다. 한 가지 확실한 것은 저는
빚진 바가 없습니다. 그래서 누구보다도 투명하고 공정하게 인
사를 할 수 있습니다. 제도적으로는 도입되어 있는 추천위원회
제도를 투명하게 운영할 것입니다. 추천위원회 제도가 있어도
이 위원회에 자기사람을 채워 놓는 것이 문제인데, 추천위원회

시에 각종 위원회가 난립되어 있습니다. 그런데
위원회 구성을 보면 몇몇 사람이 몇 개의 위원회에
소속되어 있습니다. 이런 부분은 통폐합 정리가
필요하지 않을까요?

자체를 공개해서 일정한 자격과 기준을 충족시키는 사람들이 참
여하도록 하고, 그래서 추천위원회가 제대로 역할을 할 수 있는
방식으로 만들어 가야 한다고 생각합니다.

**송성준**  모든 회의 자료를 공개해야 된다는 겁니까?

**김석준**  모든 자료라고 단정적으로 이야기하기는 힘듭니다.
일을 하다보면 불가피하게 대외비로 지켜져야 될 부분도 있다고
생각합니다. 그런 기준도 합리적으로 정해서 공개할 문서와 공
개해서는 안 될 문서를 정리해서 공개하면 된다고 봅니다. 이런
문제와 관련해서는 서울시에서 여러 가지로 모범을 보이고 있는
것 같아서 서울시의 사례들을 따라 배우는 한편, 미진한 부분은
의견들을 수렴해서 보완한다면 투명성 부분은 충분히 보장할 수
있습니다. 민주노동당 시장이라면 누구보다도 당당하게 투명한
행정을 해 나갈 수 있다고 자신합니다.

**송성준**  시에 각종 위원회가 난립되어 있습니다. 그런데 위원
회 구성을 보면 몇몇 사람이 몇 개의 위원회에 소속되어 있습니
다. 이런 부분은 통폐합 정리가 필요하지 않을까요? 또 하나는
기존의 명망가 중심의 충원이 아닌 현장 전문가 중심으로 충원

 현재는 시의회만 방영되고 있는데,
주요 위원회의 모든 회의를 자료로 녹화해 두었다가
필요하면 공개를 해야 합니다.


기준을 좀 바꾸어야 하지 않을까요?

**김석준**  그렇습니다. 더 늘었는지 모르겠는데, 부산시에는 62~63개 정도의 위원회가 있습니다. 그중에는 일 년에 회의 한 번 안 열리는 위원회도 있기 때문에, 꼭 필요한 위원회는 기능을 보강하고, 그렇지 않은 위원회는 정리하는 것이 옳다고 생각합니다. 위원회 구성 기준을 보면 여성을 30% 채우라는 규정 정도만 강제로 적용되고 있을 뿐입니다. 나머지는 알 만한 사람들 끼리끼리 모여서 결정 자체도 공개되지 않고 의견수렴도 제대로 되지 않고 있습니다.

위원회만 제대로 굴러가더라도 부산시의 주요한 정책이 훨씬 더 합리적으로 결정될 것입니다. 그렇기 때문에 위원회는 전문적인 역량이나 헌신성, 책임성을 가진 사람들로 구성하도록 해야 하고, 여성 할당뿐만 아니라 전문가단체나 시민단체에도 할당을 해서 활동성을 높일 수 있는 방법을 적극적으로 모색해야 합니다. 저도 가끔 위원회에 참여해 보면 이미 각본은 다 짜여 있고, 위원들은 그저 거수기 역할이나 하고, 회의비나 받아가는 실정입니다.

요즘 유행하는 말이 거버넌스*인데, 거버넌스가 제대로 이루

어지기 위해서는 각종 위원회에서 몇 날 며칠이 걸리더라도 진지하게 고민하고 토론해서 합리적인 결정을 할 수 있도록 해야 합니다.

**송성준** 제가 몇 년 전에 시의 교통 관련 위원회에 한번 들어가 본 적이 있습니다. 정말로 놀랐던 것은 시민단체의 대표가 기자들 앞에서 이야기하는 것하고 막상 위원회에서 이야기하는 것하고 정반대로 다르더라는 거죠. 저는 깜짝 놀랐습니다. 그런 면에서 위원회가 투명하게 공개되어야 할 필요성이 더욱 절실합니다. 위원회의 회의나 자료들이 완전히 공개될 수 있는 것이 필요하다고 생각하는데, 하겠다는 말은 항상 하지만 여태껏 실행은 되지 않고 있습니다.

**김석준** 저는 시장이 되더라도 눈치 볼 것이 없기 때문에 누구보다도 당당할 수 있습니다. 그렇기 때문에 위원회에서 나오는 결정에 대해서도 사심 없이 존중할 수 있습니다. 그리고 현재는 시의회만 방영되고 있는데, 주요 위원회의 모든 회의를 자료로

* 정책결정이 특정개인이나 소수집단에 의해서 행해지며, 강제력을 배경으로 하여 사회의 질서와 안정을 도모하는 통합의 방식.

녹화해 두었다가 필요하면 공개를 해야 합니다. 또 운영과 관련해서 중요한 것은 사전에 자료들을 참여하는 위원들에게 배포해서 의견을 수렴해 오도록 해야 합니다. 회의에 참석해서야 자료를 받게 되니까 제대로 검토도 못하고 엉뚱한 소리를 할 수밖에 없는 것입니다. 그래서 위원회 운영도 정말 제대로 하고 있는지 없는지 점검해서, 실제로 활발한 토론에 바탕을 둔 의사결정이 이루어지도록 해야 합니다.

**송성준**　부산국제영화제는 부산시의 사업 중 가장 성공적인 사례로 꼽히고 있습니다. 문제는 영화제는 부산에서 열리고 있지만 영상산업도시로 발전하기 위해서는 영상관련 공공기관의 이전이나 후반작업 기관의 이전 등 여러 가지 보완해야 될 부분이 많은데요. 부산국제영화제를 매개로 한 영상산업도시의 전망을 어떻게 보시는지요?

**김석준**　지적하신 부분에 전적으로 동감합니다. 영화제는 성공했지만 아직까지 영화산업의 성장에 필요한 인프라가 제대로 만들어지지 않고 있습니다. 최근에야 영상관련 기관들이 옮겨오면서 인프라 구축을 위한 최소한의 조건들이 만들어져 가고 있지만, 앞으로도 계속적인 관심과 투자가 필요합니다. 부산은

　　　　　　　　　　　　　진보와 대화하기

영상산업 발전을 위한 조건이 비교적 잘 갖추어져 있습니다. 서울에 집중되어 있는 것을 부산으로 분산시킬 수 있다면 영상산업도시로 성장할 수 있습니다.

시에서도 이미 10대 전략 산업으로 설정을 해 놓고 있기 때문에, 이 부분에 대한 체계적인 지원을 계속해야 한다고 생각하는데, 역시 문제는 인적자원입니다. 현재로는 그냥 엑스트라를 동원하는 수준에 그치고 있습니다.

부산이 영상산업도시로 발전하기 위해서는 제작의 측면에서든, 지원영역의 측면에서든 핵심적인 역할을 할 수 있는 고급 인적자원을 빨리 키워 내야 합니다. 이러한 부분이 상대적으로 굉장히 취약하기 때문에 대학에 관련학과를 개설하는 등의 노력이 필요하다고 생각합니다.

**송성준** 인적자원 양성 문제를 이야기하셨는데요. 작년 11월입니까? 부산어린이국제영화제를 만들었습니다. 올 사업으로 예산 1억 원을 신청했고, 문화 관광부에서 승인이 났습니다. 그런데 막상 시의 예산 담당하는 기획부처에서 그것이 전액 삭감되었습니다. 시장이 되신다면 어린이국제영화제 같은 부분에 대한 지원을 어떻게 하실 계획인가요?

꿈나무를 키우는데 1억이 필요하다면 당연히 지원해야 합니다.
이 돈은 시 전체의 살림에서 보면 아주 작은 비중이지만,
장기적인 기대 효과는 매우 클 것입니다.

**김석준**　축구 붐이 일면서 비로소 유소년 축구의 중요성이 제기되었듯이 뿌리를 튼튼히 하는 데는 오랜 시간이 걸립니다. 영화도 꿈을 가진 어린이들이 영화를 많이 접하면서 새로운 꿈을 키워 나가야 합니다. 꿈나무를 키우는데 1억이 필요하다면 당연히 지원해야 합니다. 이 돈은 시 전체의 살림에서 보면 아주 작은 비중이지만, 장기적인 기대 효과는 매우 클 것입니다. 이런 부분은 더욱 확대해서 안정적이고 지속적인 지원을 해야 한다고 생각합니다.

**송성준**　민주노동당이 급진적인 정책을 펼쳤을 때 올 수 있는 사회적인 엔트로피 증가, 이런 부분들에 대한 갈등 증폭, 이런 부분에 대해서는 어떻게 대처하시겠습니까?

**김석준**　민주노동당은 행정을 책임지는 기초단체장은 이미 배출한 경험이 있습니다. 울산의 동구, 북구에서 두 번에 걸쳐서 실무적인 행정을 담당한 경험이 있죠. 물론 경험에 대해서 여러 가지 평가를 할 수 있지만, 많은 사람들이 우려하듯이 과격하고 급진적인 시정을 펼치지는 않았다고 생각합니다. 최근에 공무원 노조 파업과 관련해 관련 공무원을 징계하지 않았다는 이유로 유죄판결을 받아 직무정지가 되는 안타까운 상황이 있기는 했지

　　　　　　　　　　　　진보와 대화하기

만, 시민들의 기대나 요구에 어긋나거나 일방적으로 급진적인 시정을 펼치지는 않았습니다.

**송성준** 시장이 되신다면 어떨 것 같습니까?

**김석준** 저도 마찬가지입니다. 제가 시장이 된다고 해서 한 순간에 모든 것을 바꿀 수는 없습니다. 민주노동당 시장이 되더라도 제가 행사할 수 있는 권한은 상당히 제한되어 있습니다. 예컨대 제가 직접 데리고 들어갈 수 있는 인원은 몇 명 되지 않습니다. 기존 공무원들과 함께 기존 제도 속에서 시정을 펼쳐나가야 하기 때문에, 급격한 변화보다는 점진적인 변화를 추구할 수밖에 없습니다. 복지예산을 확충하는데 있어서도 많은 저항에 부딪힐 게 뻔합니다.

서구의 복지사회에서 시민들이 누리는 권리와 각종 삶의 질을 부산에서라도 실현할 수 있도록 하는 것이 현재로서는 최고의 목표이기 때문에, 그런 정도로 시민들이 불안해 할 일은 없을 것입니다. 오히려 보다 구체적이고 다양한 요구들이 줄을 이을 것이라고 생각합니다.

**송성준** 끝으로 선거에 임하는 자세에 대해서 한 말씀 해 주십

 참신성 하나로 승부했던 4년 전보다
정말 제대로 된 정책, 제대로 된 실천을 통해서
시민들의 검증을 받는 자세로 열심히 뛰겠습니다.


시오.

**김석준** 2002년 경우 1%에서 시작해서 16.8%의 지지를 받았습니다. 물론 여러 가지 조건이 잘 맞아 떨어졌고, 새로운 정치에 대한 시민들의 갈증이 그만큼 컸다고 생각합니다. 그런데 4년이 지나면서 중요한 변화는 민주노동당이 10명의 국회의원을 만들어서 원내 제3당으로 발돋움했다는 사실입니다. 정당에 대한 지지도 이전에는 2~3% 수준이었는데 이제는 10% 내외의 안정적 지지를 갖고 있습니다.

이런 변화가 든든한 배경이 되기도 하지만, 다른 한편으로는 부담이 되기도 합니다. 이번에는 지지도 10%에서 출발하지만 4년 전과는 달리 그동안의 민주노동당 활동에 대한 냉정한 평가를 받는 입장이기 때문입니다. 참신성 하나로 승부했던 4년 전보다 정말 제대로 된 정책, 제대로 된 실천을 통해서 시민들의 검증을 받는 자세로 열심히 뛰겠습니다.

**송성준** 저는 오늘 이 자리가 민주노동당의 정책, 다가오는 5월 지방자치단체장 선거에서 시장 후보로 나서는 김석준 교수님의 부산에 대한 비전, 부산 사랑 방식에 대한 생각들을 시민들이 이해할 수 있는 장이 되었으면 좋겠다는 생각을 했습니다. 시민

진보와 대화하기

들도 보다 열린 마음을 갖고, 한번 진지하게 한국의 진보정당인 민주노동당의 정책 철학, 김교수님의 정치 철학을 이해할 수 있었으면 좋겠습니다. 긴 시간 수고하셨습니다.

# 김석준 교수 연보

## ● 학력 및 경력

| | |
|---|---|
| 1957년 3월 | 경북 봉화 출생 |
| 1963년~1969년 | 부산 동항초등학교 |
| 1969년~1972년 | 부산 동아중학교 |
| 1972년~1975년 | 부산고등학교 |
| 1975년~1979년 | 서울대학교 사회대 사회학과(문학사) |
| 1979년~1981년 | 서울대학교 대학원 사회학과(문학석사) |
| 1981년~1992년 | 서울대학교 대학원 사회학과(문학박사) |
| 1982년~1983년 | 군복무(보충역, 공군 일병) |
| 1983년~1986년 | 부산대학교 사범대 일반사회교육과 전임강사 |
| 1986년~1992년 | 부산대학교 사범대 일반사회교육과 조교수 |
| 1992년~1997년 | 부산대학교 사범대 일반사회교육과 부교수 |
| 1997년~현재 | 부산대학교 사범대 사회교육학부 교수 |

## ● 주요활동

| | |
|---|---|
| 1975년 4월 | 서울대 학술 서클 '사회과학연구회(=한국사회연구회)' 가입 |
| 1976년 10월 | 서울대 감나무골 시위 사건 연루, 남부 경찰서 연행 |
| 1977년 10월 | 서울대 사회학과 30주년 기념 심포지엄 주도,<br>학생 시위 유발로 조사 |

| | | |
|---|---|---|
| 1981년 | 5월 | 서울대 대학원 학생회 준비위 결성, '민주화의 봄' 활동 참여 |
| 1981년 | 5월 | 서울대 대학원 사회학과 '사회학 백서' 작업 주도 |
| 1986년 | 5월 | 전국교수연합시국선언 참여, 학과장 보직 해임, 승진 누락 |
| 1987년 | 4월 | 4.13 호헌철폐 부산대 교수 시국선언 주도 |
| 1988년 | 4월 | 지역사회연구회 결성 준비 실무 역할 |
| 1988년 | 11월 | 부산대 민주화교수협의회 결성, 1990년까지 초대 총무 |
| 1988년 | 11월 | 부산경남민주화교수협의회 결성, 1990년까지 초대 총무 |
| 1989년 | 5월 | 전교조 결성과 관련한 교사 해직 막기 위해 전교조 가입, 전교조 대학위 활동 |
| 1989년 | 8월 | 전교조 부산후원회 결성, 초대 총무 |
| 1989년 | 9월 | 참교육학부모회 부산지부 결성 참여 |
| 1990년 | 2월 | 전노협 자문위원 |
| 1990년 | 3월 | 전노협 부산후원회 결성 참여 |
| 1994년 | 2월 | 영남노동운동연구소 설립, 2003년까지 초대 소장 |
| 1997년 | 11월 | 국민승리 21 참여, 부산지부 정책위원 |
| 1997년 | 1월 | 부산MBC라디오 시사프로그램 '지방시대 부산' 사회자 (1997년 12월까지) |
| 2000년 ~ 현재 | | 민주노총부산지역본부 지도 · 자문위원 |
| 2000년 ~ 현재 | | 부산지방노동위원회 조정담당 공익위원 |
| 2000년 ~ 2001년 | | 부산시 실업대책 실무협의회 위원 |
| 2000년 ~ 2002년 | | 민주노동당 부산시지부 정책위원장 |
| 2001년 ~ 현재 | | 부산생활협동조합 이사 |

| | |
|---|---|
| 2001년~2004년 | 공직사회개혁과 공무원 노동기본권 쟁취를 위한 부산공대위 공동대표 |
| 2002년 6월 | 민주노동당 부산시장 후보(16.8% 득표) |
| 2002년~현재 | 민주노동당 부산시당 위원장 |
| 2003년~현재 | 영남노동운동연구소 이사장 |
| 2003년~현재 | 공교육 정상화를 위한 부산교육개혁연대 공동대표 |
| 2004년 4월 | 민주노동당 금정구 국회의원 후보(9.6% 득표) |
| 2004년~현재 | 부산민중연대 공동대표 |
| 2005년 | 빈곤과 전쟁을 확대하는 APEC 반대 부산시민행동 공동대표 |

● 시민단체 회원 활동 ----------------------------------------

부산환경운동연합, 부산경실련, 부산참여연대, 연제공동체, 외국인 인권을 위한 모임, 참교육학부모회 부산지부, 부산경남 열사추모사업회, 부산 장애우권 익문제연구소, 부산민족예술인총연합, 극단 자갈치, 하늬영상, 일터 등 다수

## ● 주요 저서 및 논문

전환기 부산사회와 부산학(부산대 출판부, 2005)
희망으로 가는 길(도서출판 바우디자인, 2002)
부산지역 현실과 지역운동(부산대 출판부, 1999)
부산지역 계급구조와 변동(한울아카데미, 1993)
신자유주의적 구조조정과 노동운동 1997-2001(한울아카데미, 2003, 공저)
신자유주의적 구조조정과 노동문제 1997-2001(한울아카데미, 2003, 공저)
한국의 사회변동과 교육(세종출판사, 2001, 공저)
실업과 지역사회(한림대 출판부, 2000, 공저)
한국 민주주의의 회고와 전망(도서출판 한가람, 2000, 공저)
지역발전과 기업전략(전남대 출판부, 1998, 공저) 외 다수


'경제변동에 대한 지역사회의 계급적 대응:1980년대 부산지역을 중심으로'
    (서울대 대학원 사회학과 박사학위논문, 1992)
'신간회 운동에 대한 사회학적 일고찰'
    (서울대 대학원 사회학과 석사학위 논문, 1981) 외 다수

## 인터뷰 | 김외숙

1967년 경북 포항에서 출생하였다. 1985년 포항여고를 졸업하고, 서울대학교 법과대학에 입학하였으며 1989년 졸업하던 해 10월에 제21회 사법시험에 합격하였다. 사법연수원을 거쳐 1992년부터 부산 문재인 변호사 법률사무소에서 변호사 생활을 시작하였다. 2004년부터 1년 동안 미국 버지니아주에서 유학하면서 University of Virginia School of Law에서 석사학위를 취득(LL.M)하였고, 현재는 법무법인 부산 구성원 변호사로 재직하고 있다.

또한 여러 가지 사회활동에도 관심이 많아서 현재 경상북도 행정심판위원회 위원, 부산광역시 행정심판위원회 위원, 부산고등법원 조정위원이며, 부산 여성의 전화 부설 여성평화를 위한 변호사 모임 위원장을 맡고 있다.


## 인터뷰 | 송성준

지난 1988년 부산대학교 경제학과 대학원을 졸업한 뒤 곧바로 언론계에 몸담아 올해로 18년이 된 중견기자이다. 처음 부산매일신문에 입사해 서울 정치부에서 3년간 국회와 정당출입을 했으며, 사회부에서 6년간 주로 환경과 노동, 복지 문제에 관심을 가졌다.

1996년 2월 현재의 SBS로 옮겨 보도국 전국부 부산지국 팀장으로 근무하며 현장을 발로 뛰고 있다. 지역의 현장전문가들의 모임인 '비전과 연대 21' 회장을 역임(2004년)하면서 특히 현장에서 발로 뛰는 지역 소장파 전문가들의 네트워크 구축과 함께 한·중·일 지역 전문가 모임의 구축과 연대에도 큰 관심을 가지고 있다.

# 진보와 대화하기
## 따뜻한 진보, 김석준을 만나다

**첫판 1쇄 펴낸날** 2006년 2월 20일

**지은이** 김석준 외 2인
**엮은이** 이광수
**펴낸이** 강수걸
**펴낸곳** 산지니
**등록** 2005년 2월 7일 제14-49호
**주소** 부산광역시 연제구 거제동 1493-2 효정빌딩 601호
**전화** 051-504-7070 | **팩스** 051-507-7543
E-mail sanzini@sanzinibook.com
http://www.sanzinibook.com
**편집** 김은경·권경옥 | **디자인** 권문경

값 11,000원

이 도서의 국립중앙도서관 출판시도서목록(CIP)은
e-CIP 홈페이지(http://www.nl.go.kr/cip.php)에서
이용하실 수 있습니다.(CIP 제어번호 : CIP2006000268)